A difícil república

Gabriel Cohn

æ

CORDENAÇÃO EDITORIAL E PROJETO GRÁFICO
Sergio Cohn

ISBN: 978-85-65332-65-1

AZOUGUE PRESS
coordenação geral Sergio Cohn
Brasil | CNPJ 12.272.339/0001-26
Portugal | NF 515805394
USA | E. Id. 803650511
coordenação editorial Sergio Cohn | Darien Lamen
Chile | tucán ediciones RUT 77.369.106-1
coordenação editorial Sergio Cohn | Cristián Jiménez Plaza

Azougue Press: mais que uma editora, uma ponte entre culturas

SUMÁRIO

APRESENTAÇÃO

Modos de vida civil. Essa é a formulação original do lema condutor do conjunto de artigos que se lerão em seguida. São dois temas que se entrelaçam. Primeiro, a forma na qual a vida se apresenta para as pessoas em suas ideias, suas formas de convivência e sua relação com o mundo. Que pessoas, e qual a forma de vida nisso envolvidas? Esse é o segundo ponto. Não se trata de pessoas genericamente consideradas. São cidadãos e cidadãs, portadores de nada menos do que da cidadania - ou daquilo que, embora de modo distorcido pelas circunstâncias, os caracteriza como cidadãos. E nisso se chega ao ponto decisivo. A cidadania moderna que nos ocupa aqui tem um duplo fundamento. O primeiro alude ao conjunto de motivos, condutas e valores que formam o ambiente em que as pessoas se movem. Depois, não é qualquer ambiente, unicamente aquele que pode ser designado civilizado. Está em jogo nada menos do que a *civilização*, em uma de suas vertentes fundamentais, a política. E, ainda, não a política de maneira genérica e sim como modo de organização da vida coletiva no registro do poder, em sua dimensão institucional tomada na forma mais abrangente em específico registro, como *república*. O desdobramento mais imediato disso concerne à relação entre desta com a *democracia* como forma de organização institucional e também como padrão de conduta. A realização disso tudo está repleta de exigências severas, de caráter histórico no prazo mais longo e de caráter conjuntural em cada momento.

São as exigências e dificuldades da vida civilizada e republicana em contexto como o brasileiro que formam o núcleo dos artigos aqui recolhidos, escritos em diferentes momentos. Isso se aplica desde o primeiro e mais abrangente deles, sobre civilização, cidadania e barbárie, até o mais específico sobre o fascismo em sua possível versão brasileira, passando pelo tratamento do tema do desenvolvimento por um ângulo pouco usual, o do processo civilizador, e por uma mescla de reflexão mais teórica e referências muito concretas quando se fala precisamente do tema que identifica o livro, a "difícil república". Este último constitui algo como um primeiro esboço de estudo mais detido, a ser retomado.

Também os textos sobre dois intérpretes brasileiros de nossa sociedade e nossa história, o socialista Florestan Fernandes e o liberal Raymundo Faoro, exibem, conquanto de modo mais matizado, a mesma grande preocupação intelectual. Mais remotos em relação ao tema, porém na realidade também relevantes numa perspectiva muito ampla e ambiciosa, aparecem os dois artigos finais, marcados ambos pela atenção a um problema básico como o da temporalidade, o modo de presença do tempo. Isso ocorre tanto em seu tratamento específico no diálogo com o sociólogo português Hermínio Martins (frustrado, pois, por ironia temporal: ele faleceu no exato momento em que se encerrava sua redação) quanto no único caso em que me aventurei a enfrentar, mal ousando ir além de uma diminuta fração das questões que ele propõe, a gigantesca figura de Marx. Parodiando antiga frase confessional retomada por Marx em uma ocasião (na "crítica ao programa de Gotha" da social democracia em sua época), "disse e salvei minha alma", *dixit et salvavi animam meam*.

Uma longa trajetória em campo minado por problemas de toda ordem, tão importantes quanto fascinantes. Bom seria se ao ler algum desses textos o leitor e a leitora sentisse o mesmo arrepio que eu ao escrevê-lo.

I
CIVILIZAÇÃO PROBLEMÁTICA

CIVILIZAÇÃO, CIDADANIA E BARBÁRIE

O Messias só vem quando não é mais esperado, lembra Kafka. Em outro registro, a partir de outra grande matriz civilizadora do Ocidente, Kavafis põe na boca dos habitantes da cidade a pergunta ansiosa: os bárbaros, onde estão eles que poderiam nos salvar? Teimosa resignação em ambos os registros, centrada naquilo que só virá quando se tiver aprendido a não esperar a redenção transcendente por um lado nem contar com a desesperança e entrega total à ordem vinda de fora, pelo outro. Há algo que permita pensar esse descompasso sem depositar todo o peso numa ideia tão frágil como a de esperança? Talvez a referência à barbárie ofereça uma pista na sua outra face, a civilização. É nesta que devemos, pois, concentrar a atenção.

CIVILIDADE

Para tanto, tomarei como ponto de partida uma referência não convencional no campo da reflexão política. Não entrarei no tema pela via da cidadania ou pela via do civismo, nem pela via da civilização diretamente. Minha entrada será pela via daquilo que chamaria de civilidade, um modo específico de agir que talvez em uma dimensão específica condense tudo aquilo que nos preocupa neste momento. E a referência não convencional que tomarei como ponto de partida é um ensaio de Theodor Adorno, o grande mestre da teoria crítica da sociedade.

Entre os belos pequenos ensaios e aforismos de seu livro *Mínima moralia*, encontra-se um cujo título tomado ao pé da letra seria "tato" (mais precisamente, "dialética do tato"), que, porém, pode vantajosamente traduzido por "civilidade". Nele está em jogo o que aparentemente há de mais trivial – a sociabilidade cotidiana – mas por um ângulo muito especial, que dá ao texto o seu tom crítico. Trata-se de uma particular forma social de sensibilidade, a capacidade para relacionar-se com o outro de maneira inteira e com inteiro respeito. Esta é a questão de fundo.

O que nos importa nas observações de Adorno? É o modo como ele materialmente localiza o seu tema, quando afirma que a civilidade tem um momento histórico único. Esse momento é aquele em que a burguesia se libera dos entraves do antigo regime da nobreza, quando as convenções que anteriormente pesavam sobre a ação se enfraquecem sem desaparecer de todo e uma nova forma de individualidade emerge. O essencial é a conjugação entre a emergência de uma forma histórica de individualidade e o enfraquecimento, mas não pleno desaparecimento nem tampouco a redução a mera formalidade, das antigas convenções que regem a sociabilidade. Nessas condições a nova forma de individualidade que vem à tona não fica solta sem mais. Ela encontra um cenário privilegiado para exercer relacionamentos, para estabelecer contatos sociais ainda demarcados pelas convenções enfraquecidas do regime anterior porém não mais subordinados a elas. Essa dialética original da civilidade tem como exercer-se porque nesse momento privilegiado ela não é tolhida em seu andamento. Não ocorre a imposição imperativa de um quadro de convenções sobre a ação individual, nem se dá a pura e simples presença de uma individualidade desencadeada e solta, sem limites e sem referência. É a emergência, a cintilação no horizonte dessa a dialética que ele vê como evanescente à medida que as próprias formas específicas que caracterizam a civilidade vão se emancipando, perdem suas referências concretas e, ao se tornarem autônomas, remotas, abstratas, e em vez de gerarem justiça mútua trazem consigo o germe da injustiça. Cabe lembrar, de passagem, que se para um antípoda seu como Hobbes injustiça consiste em não cumprir contratos, para Adorno ela consiste, com um traço kantiano, em desrespeitar a dignidade do outro. É isso dá força e impulso para o desenvolvimento da dialética mais profunda da civilidade, ao jogo entre gestos de renúncia do indivíduo, da sua capacidade consciente de abrir mão de certos atos em nome do respeito à dignidade do outro por um lado e, por outro, a manifestação incontida da individualidade e da individuação, no limite o centrar-se em si mesmo. Nesses termos a civilidade só encontra condições para realizar-se quando envolve uma dialética complexa entre o juízo refletido de cada qual sobre até onde se pode chegar, entre essa renúncia consciente a certos atos que possam agredir o outro e, ao mesmo tempo, a formação de uma individualidade autônoma aberta, não circunscrita externamente por um quadro fechado de convenções nem em cerrada na auto-referência. Trata-se, em suma, de saber (mais precisamente, aprender) a conter-se sem converter a renúncia em sacrifício, e em exercer a vontade individual sem ficar adstrito à satisfação do próprio ego.

Por este prisma o que Adorno está descrevendo naquela passagem evoca uma manifestação peculiar de modos polidos, de maneiras refinadas de comércio, no sentido lato e altamente expressivo desse termo, como relação mediada pelo interesse compartilhado (o problemático termo central aqui é "compartilhado"). É difícil ler este texto sem evocar aquilo que Cícero Araújo, aqui presente, conhece muito bem, o pensamento escocês setecentista. É neste que um autor como Pocock localiza a reinterpretação das virtudes clássicas em termos de "maneiras", manners. O comércio suaviza os costumes, diria Montesquieu. É fascinante, de resto, ao ler-se passagem como essa de Montesquieu - e seria talvez ocasião para deter-se nos escritos filosóficos de Adam Smith ou dos pensadores escoceses, onde essa ordem de problemas é mais aguda - como o termo "comércio" ganha naquele momento histórico de "umbral civilizatório" uma acepção mais voltada para a ideia de relação de convívio do que diretamente de intercâmbio de mercadorias, como indica sua etimologia Trata-se precisamente daquela relação própria a uma forma do exercício das virtudes clássicas que acaba fundamentando o que pode ser uma concepção republicana de convivência. De modo que o texto de Adorno, à primeira vista restrito a algo muito miúdo, muito fino no campo das relações sociais, é atravessado pelo grande tema das relações entre os homens marcadas por um respeito republicano. Essa é a porta de entrada que eu elegeria para propor modos de pensar algumas das questões que nos ocupam neste específico momento.

Pocock distingue uma linguagem das virtudes de uma linguagem dos direitos. Em nosso momento presente cabe-nos uma exigência difícil, que é a de articular essas linguagens. Elas aparecem de vários modos nos debates contemporâneos, mas no fundamental o nosso problema é que não podemos escolher entre a linguagem das maneiras e a linguagem das virtudes. Temos que articular o tema das maneiras como exercício moderno das virtudes com o tema dos direitos. Na realidade ambos se entrelaçam na questão da cidadania. Podemos ler, é claro, a cidadania em dois registros. Primeiro, como participação ativa considerando o corpo constitutivo da sociedade, no registro das virtudes republicanas. Depois, como exercício de direitos, no registro das liberdades liberais. Rousseau e Locke, se quisermos.

Mais uma vez estamos às voltas com um complicado jogo de dois termos opostos e inseparáveis, agora entre essas duas dimensões da cidadania. Não tentarei acompanhar isso neste momento. É claro, contudo, que também com referência à cidadania há algo assim como a dialética entre a linguagem do direito e a linguagem das virtudes, entre a linguagem daquilo que se pode reivindicar como próprio e a linguagem dos modos adequados de se relacionar com aquilo que remete ao conjunto mais amplo da sociedade. É igualmente claro, e da maior importância, que a linguagem dos direitos tem referências universais ainda que abstratas quando tomadas por si sem mais, e que a linguagem das virtudes tem referências particulares, de contexto, igualmente abstratas quando tomadas por si.

GUERRA E PAZ

É nesse sentido que eu colocaria a questão da civilidade como uma espécie de conceito síntese daquilo que nos preocupa neste momento. Talvez isso possa ser desenvolvido tomando como referência dois paradigmas da política e do pensamento político naquilo que nos preocupa aqui hoje. Por um lado o paradigma que se concentra na oposição entre guerra e paz, por outro lado aquele que se concentra na oposição entre separação e ligação. A perspectiva colocada por Adorno, na qual eu detecto uma espécie de fio condutor subterrâneo de caráter republicano, tem uma posição clara no que diz respeito ao contraste entre guerra e paz, sem dúvida a favor da segunda. A posição que vê a política como confronto direto, como guerra, como distinção amigo-inimigo, evoca de imediato, como representante paradigmático, a figura de Carl Schmitt, para quem na política o dado essencial é que o outro, ainda quando não o seja sem mais, é sempre potencialmente hostil. Em frontal contraste, a posição colocada por Adorno, ainda que sem referência política imediata, remete à questão da busca infinita da reconciliação dos descompassos no interior do corpo social. Assinala algo a que voltarei mais à frente, que é a ideia ampliada de política como o processo contínuo de construção conjunta de uma ordem pública digna de ser vivida. Esse é o ponto: digna de ser vivida por pessoas reais no mundo real, para além dos códigos legais e das abstrações doutrinárias.

Uma concepção bastante abrangente de política, sem dúvida. Mas esse paradigma é importante, embora esteja sujeito à objeção de que deixa de lado o aspecto conflituoso da vida social. Não deixa, todavia, porque a civilidade pode ser conflituosa, só não pode ser friamente destrutiva, mesmo porque o conflito não se reduz ao confronto aniquilador. De passagem: alguém já viu algo mais frio do que a hostilidade schmittiana ou o embate generalizado hobbesiano? Adorno, minha referência de base nesta exposição, indicava o momento histórico da civilidade, do tato, nas relações e ao mesmo tempo suscitava a questão sobre se esse momento fugaz pode ser recuperado em novas formas, numa fase histórica marcada por aquilo que designava como "frieza burguesa". De certo modo essa formulação permitiria aproximar dois irmãos pouco amistosos, se evocarmos Ernst Bloch, a quem preocupava a distinção entre a "corrente quente" e a "corrente fria" na política. Isso, se não quisermos lembrar as advertências de Max Weber sobre o "gélido inverno" que se aproximava na sua época. Tudo isso serve para sugerir que o momento quente, caloroso, não é o da guerra, e sim o da paz, e que talvez uma dia aprendamos que nada há de mais frio do que o embate destrutivo da guerra (como de resto numa época de "bombas inteligentes" mal há como deixar de aprender).

Ao mesmo tempo, isso permite colocar a concepção da política pelo ângulo da paz (em contraste com a guerra) no âmbito de uma distinção mais forte. Ela figuraria nesse passo como a concepção que marca o momento do estabelecimento dos vínculos, da ligação, em oposição à que marca na dimensão política o momento da separação. Se projetarmos essa distinção sobre a trajetória do pensamento político, certamente o momento moderno seria aquele em que a ênfase está na separação. A ideia de separação está associada, no que estou colocando aqui, à introdução em posição central na questão política da ideia de interesse. Interesse é exatamente aquilo que se interpõe entre as pessoas, que as vincula, sim, mas separando-as. Nele o momento da separação predomina sobre o momento do vínculo, ao introduzir neste a cunha da utilidade. Essa é a marca do pensamento moderno na política, porque é o foco no interesse que leva a se pensar a ação política em termos de escolhas orientadas por preferências (opções relativas a uma escala bem definida). Por essa via ganha novos contornos um problema central da política, que é o da organização. E para além da questão da organização, está o problema da eficiência. E, como fundo e fundamento de tudo isso, a questão do controle. Posto que a atenção se concentra nos interesses dos indivíduos, estes aparecerão como detentores de preferências, capazes de realizar escolhas, e o problema político de como articulá-las coloca-se em termos de formas de organização eficiente na administração de coisas e homens. Essa é uma maneira eminentemente moderna de pensar a questão, e contrasta com uma maneira que tem antecedentes clássicos, relacionada com a ideia da política como exercício de certas virtudes civis. Nessa enfatiza-se a deliberação, a formação de uma vontade pública para além das preferências e das escolhas, das escolhas criteriosas, enfim. Ora, a questão da civilidade só faz sentido no interior do paradigma que pensa a política pelo ângulo dos vínculos que se estabelecem entre os homens, e, se me permitirem o termo, da legitimidade desses vínculos. Está em jogo a capacidade dos homens de construírem conjuntamente o seu mundo.

Nessas condições claramente se vincula o paradigma da paz com o paradigma do estabelecimento de vínculos, pelo exercício da deliberação civicamente virtuosa. Isso reforça essa concepção muito ampliada de política pela qual ela se define como construção conjunta do espaço público, - uma tarefa interminável, sem solução definitiva, um horizonte. Isso é uma quimera, dirão alguns: é uma concepção da política pacificadora e complacente, no mal sentido do termo, por aí não se vai avançar nada. Minha resposta seria: não sei se é mais quimera do que se eu defendesse aqui de modo acrítico certas noções que com frequência circulam entre nós, de forte caráter normativo e, para além disso, ideológico, como por exemplo a ideia da sociedade civil. Nesta encontramos uma concepção dissimuladamente normativa, marcada por exigências tópicas de certo momento histórico. No entanto, ela sobrecarrega o debate, e acaba introduzindo muito mais fantasmagorias na nossa reflexão política do que se avançarmos até o fim e sustentarmos que a política não pode ser pensada sem a sua dimensão normativa. Quando falo da exigência da construção conjunta da ordem pública, isso pelo menos é explicitamente normativo, é um horizonte de referência, e não se refere a uma suposta entidade que realize o poder em aliança ou em confronto com outras. O mesmo se aplica a um conceito como "opinião pública", que também ainda parece pesar nas nossas concepções e nos nossos debates. Também ela tem seu momento histórico, que foi esquecido. Tanto quanto a de sociedade civil, a noção de opinião pública emerge em um momento histórico particular, marcado pelo confronto de um grupo social que busca atrair para si a capacidade de legitimação contra o poder absoluto. É um recurso no embate político, assim como a ideia de sociedade civil foi explicitamente um meio de luta, inicialmente nos processos de mudança de regime na Europa do Leste e depois adotada na América Latina. Invocar a opinião pública significa reivindicar a legitimidade de uma instância de poder, não descrever algum grupo ou organização. No plano empírico ela se reduz a uma distribuição de interesses privados, e não chega por si a justificar sua referência pública. Algo muito próximo a isso vale para a reivindicação da sociedade civil como locus empírico de deliberação e participação e não como exigência normativa orientadora da ação.

Tornar explícito o teor normativo de certas proposições não conduz por si mesmo a se apegar a construções fantasiosas. Pelo contrário, permite desvendar a índole supostamente realista de posições em que a referência empírica disfarça pesada e bem pouco inocente carga normativa. Não misturar essas duas dimensões é importante, desde que não se fique desatento ao caráter traiçoeiramente poroso de suas fronteiras.

Se quisermos pensar em termos de grandes formulações, devemos estar atentos para a sua carga normativa mais do que descritiva. Claro que não trata de desqualificar as análises políticas que vão diretamente ao âmbito institucional. Muita coisa pode ser conseguida por este caminho. O paradoxo, no caso, consiste nisso, quanto mais mergulhamos no âmbito institucional mais estamos no terreno em que se mesclam considerações normativas tácitas com questões de organização e administração, e menos estamos no terreno daquilo que efetivamente permite alcançar o tom propriamente político.

Gostaria de sustentar aqui que os grandes temas que nos importam hoje, o tema da civilização, da cidadania, do civismo, têm que ser enfrentados por via indireta. Retomo neste ponto a questão da civilidade, que, ao dizer respeito a modos de orientação da conduta, remete à dimensão cultural, à dimensão daquilo que pelo ângulo que aqui importa se denominaria cultura política. Não me refiro a uma concepção mais convencional, que de algum modo vincula a cultura política à opinião, à distribuição de respostas a consultas feitas a um conjunto de indivíduos em momentos dados para, digamos, detectar em que medida se aceita a democracia ou em que medida se verbalizam posições autoritárias. É um enfoque que eu não desqualificaria sem mais, mas que não chega ao ponto no qual gostaria de chegar. Pois importa captar a dimensão significativa, a dimensão cultural da civilidade, que por sua vez traduz modos específicos de orientação da conduta que oferecem conteúdo significativo à cidadania, à civilização e à ação cívica. Em suma, importa conhecer o modo de produção de atitudes, antes do produto.

A cultura, pensada em termos políticos, em termos de cultura política na sua acepção mais ampla, deve também ser pensada como uma tensão intrínseca entre conteúdos (tratados pelas pesquisas convencionais de cultura política, ou mesmo de opinião) e pautas subjacentes a esses conteúdos, que os organizam. Essas pautas, historicamente constituídas como itens do repertório cultural das sociedades, oferecem a chave para a organização significativa da experiência social. São pautas relativas à dimensão cultural em seu sentido mais fundo, de interpretação da experiência. A dimensão da cultura que realmente me parece importante para pensar politicamente as questões de conduta social refere-se àquelas pautas. Elas não são evidentes, não estão presentes sem mais, atuam subterraneamente na ação dos homens. Referem-se àquilo que eu chamaria de temas fundantes na experiência social dos homens localizados dentro de um determinado espaço político. Temas fundantes que têm como característica serem profundamente arraigados e formarem como que o ambiente no interior do qual se dá toda a percepção e ação política dos homens. Tais pautas de interpretação, isso que está por trás do modo como os homens interpretam espontaneamente sua experiência social historicamente constituída, fornecem registros de interpretação da experiência, são como chaves de interpretação. São chaves hermenêuticas, que nos alertam contra qualquer concepção substancialista da cultura, que a veja diretamente em termos de conteúdos significativos que circulam no interior das sociedades. O que está em jogo é como esses conteúdos se articulam em complexos significativos determinados e, a partir disso, ajudam a definir o modo como a experiência social, uma vez interpretada, por sua vez organiza novos conteúdos.

SOCIEDADE PUNITIVA

A título de ilustração vou fazer uma referência rápida ao que no meu entender caracteriza um tema fundante, uma pauta fundamental de interpretação da experiência social com relação ao caso brasileiro. É uma conjectura, mal chega a ser uma hipótese, mas que cada vez mais me parece plausível. Ela vai no sentido de que, no caso da sociedade brasileira, um tema fundante central, uma pauta decisiva de interpretação que se aplica ao conjunto da experiência social, consiste no tema da punição. Esse tema fundamental da se traduz de muitas maneiras. Uma delas resulta numa frase extremamente expressiva: "Os inocentes pagam pelos pecadores". Temos nisso uma concepção muito peculiar da herança cristã, que está presente ao longo de toda a sociedade. Cabe aqui lembrar, desde logo, que a referência a traços culturais (no sentido restrito de significados compartilhados na orientação da conduta) cabe aqui tão-somente com o propósito de identificar um problema. Isoladamente, traços culturais explicam tão pouco quanto a busca de antecedentes históricos. O instituto da escravidão, a prática seletiva do favor, o ímpeto punitivo naturalizado igualmente seletivo, são problemas, não respostas. Falta pesquisar as condições precisas por efeito das quais essas circunstâncias ganham centralidade e vigência continuada.

Essa pauta está presente de uma maneira muito importante, porque marca um modo de interpretar a experiência segundo um registro que se projeta no plano das grandes questões que afetam a todos, mas simultaneamente as despolitiza. Não está em jogo o cuidado com aquilo que concerne a todos. Cuida-se de exato oposto, a transferência dos custos, das penas relativas a condutas danosas para o conjunto. A referência a esse conjunto abstrato, indeterminado, sustenta o que, na falta de melhor termo, eu denominaria gestão distributiva dos custos e das penas.

A esfera pública, que poderia ser a referência política para se reformular esse grande tema, aparece na ação espontânea do cidadão comum como um espaço vazio, uma espécie de área de despejo, para onde se transfere uma punição, um custo, ou uma desvantagem que de algum modo pudesse recair sobre esses ou aqueles indivíduos. O exemplo mais trivial, muito expressivo todavia, dessa modalidade socialmente incutida e consagrada de conduta consiste em jogar entulho na rua para que os pneus dos veículos o reduzam a pó, que "some", claro que nos pulmões de quaisquer ocupantes e usuários (outros tantos termos significativos) daquele espaço.

A esfera pública não aparece como o campo denso no interior do qual se exerce a civilidade, as formas e as maneiras sociais e historicamente polidas de relacionamento respeitoso com o outro, mas aparece como uma área vazia, disponível para se fazer o que, na linguagem usada em outro contexto por Celso Furtado, seria a "socialização das perdas". Os custos são remetidos de maneira indiferenciada para essa área comum. O que eu sugiro é que isso remete a um ponto fundamental para se falar da civilidade e da cultura política, em qualquer sentido mais forte do termo. (A sugestão, aqui, refere-se ao caso brasileiro. Seria interessante tentar algo análogo para outros casos, como aquele sugerido nas formulações de Horacio González sobre o tema da morte na cultura política argentina). Penso que no caso brasileiro a análise pode avançar bastante se caminharmos na direção proposta.

Nessa mesma direção, e ainda com referência ao caso brasileiro, seria possível vincular o tema da punição a dois outros estilos de ação na arena pública, que podem ser identificados como "possessivo" e "predatório". O estilo possessivo manifesta-se na própria concepção do que é público (em contraste com o privado) na sociedade. Nessa concepção, público é o que "é de todos" ou, inversamente, o que "não é de ninguém". Vale dizer, adota-se o registro privado, da posse exclusiva, para esvaziá-lo de conteúdo (de todos ou de ninguém são ambos termos vazios), mas não se atinge o nível de uma concepção do público como referência compartilhada para a ação, como critério norteador da conduta. A isso também se associa um ponto da maior importância, que se manifesta diretamente nas políticas adotadas pelo poder público (ou pelas instâncias que se apresentam como tal). Trata-se da tendência a fazer curto-circuito de todas as etapas intermediárias, esvaziando ou neutralizando passos que possam conduzir aos resultados pretendidos, e sempre começar pelo fim. Para usar um exemplo trivial, em que a dimensão punitiva também se manifesta: impõe-se multas aos motoristas que transgridem sinais de trânsito antes de se tratar do estado da própria sinalização, da qualidade das vias públicas (termos expressivo e carregado de ambiguidade, aliás), sem falar da qualidade mecânica dos veículos e da qualidade civil dos seus usuários. Daí até as técnicas (com frequência institucionalizadas como "assessoria") de burla e de transferência de danos é um passo. Entre o estilo possessivo do agente privado e o curto-circuito entre propósito e resultado pelo poder público instala-se, como denominador comum, o estilo predatório. A síntese disso é bem ilustrada pela modalidade de ação do poder público que consiste em conceber as penas pecuniárias (multas) aos cidadãos como forma de arrecadação, reforçando-se nisso a índole possessiva do processo todo.

O exame feito até aqui permite localizar um dos numerosos desafios que temos a enfrentar na reflexão sobre a sociedade e na busca de orientação para nela intervir. Entre muitos outros, temos hoje que trabalhar conjuntamente sobre um problema, que julgo de especial importância: neste momento cabe empenhar esforços na produção de uma nova e robusta teoria da experiência social. Desde Marx (e também Simmel e os que se inspiraram nele; e talvez melhor ainda quando se trabalhou com ambos, como o jovem Lukács) pouco se produziu com envergadura suficiente para fazer frente a essa exigência. Quando Marx constrói conceitos como fetichismo da mercadoria, ele oferece recursos analíticos poderosos, que podem alimentar uma teoria da experiência social, de como se constitui historicamente uma forma de experiência, de como ela adquire significado, de quais são os limites desses significados – uma concepção da tradução significativa da experiência não apenas descritiva como crítica. Não é mais suficiente trabalhar estritamente com essas categorias, mas talvez tenhamos fôlego para retrabalhar estas ou avançar em outras. Seja como for, sinto falta de uma teoria da experiência social.

É muito difícil pensar as questões fundamentais da política e aquelas que nos estão preocupando aqui nesses dias sem um instrumental poderoso para aplicar à questão específica da conduta cidadã ou da organização cidadã, ou de todas as dimensões desse complexo que se chama cidadania, sem dispor da base para pensar o fundamento social dessa experiência. Sem poder, portanto, pensar de modo adequado a natureza específica que uma experiência desse tipo assume nas condições muito peculiares do momento presente do capitalismo.

Tomar a questão da cidadania pelo lado dos direitos representa um avanço notável, ao permitir trabalhar em termos de universalização. Limitar-se a isso, todavia, leva a uma universalização abstrata e insuficiente. Tomá-la pelo lado das virtudes oferece uma contextualização imediata, mas com o risco sempre presente de ficar preso ao tópico ou pontual; no limite, de cair no puro e simples relativismo. A nossa questão consiste em como vincular entre si essas duas dimensões. Consiste em encontrar modos de pensar a articulação tensa entre a dimensão dos direitos e aquilo que eu denominei dimensão das virtudes, do exercício virtuoso da cidadania. Trata-se, afinal, de articular universalização e contextualização.

RESPONSABILIDADE

Minha proposta, neste ponto, é que o tema que permite trabalhar simultaneamente a dimensão universalista (ou dos direitos) e a dimensão contextual (ou da cidadania) com referência ao exercício da civilidade ou da organização civilizatória é o da responsabilidade. Trata-se de termo carregado, que em geral está presente na linguagem conservadora, mas neste ponto vale a pena trazer uma advertência que outros já fizeram melhor: não podemos deixar que as questões fundamentais fiquem como propriedade intelectual da direita. No espírito de Adorno, em *Minima moralia*: "Não é das menores tarefas do pensamento pôr a serviço da razão progressiva todos os argumentos reacionários contra a cultura ocidental". Quando trago ao debate esse termo e mesmo lhe atribuo papel central nesse intrincado jogo entre referências universais e estritamente contextuais, o estou usando num sentido muito específico. O cerne da questão consiste em contrapor responsabilidade à indiferença. Nessa perspectiva a responsabilidade não envolve a mera capacidade, ou o dever, de responder por algum ato. Envolve também a capacidade, e o dever (ético, não legal) de reconhecer o interlocutor a quem se responde (que pode ser, no limite, a humanidade toda, em cada um dos seus representantes). É nesse sentido que ela se contrapõe à indiferença.

Ao falar de indiferença toco no que parece uma marca fundamental no funcionamento do sistema político e econômico na fase atual do capitalismo. Não se trata de caracterizar uma atitude de determinados agentes, mas de algo inscrito no próprio modo de organização e de funcionamento das sociedades contemporâneas. Nesse sentido eu a denomino *indiferença estrutural*. Certamente não é um dado novo que determinados grupos sociais pouco se importem com o que ocorre no restante da sociedade de que fazem parte, ou que sociedades inteiras ignorem outras. Mas o que temos atualmente é sem precedentes não apenas em termos de escala, mas também pela natureza que esse processo assume. Basicamente ele consiste em que os grandes agentes, especialmente os econômicos, altamente concentrados e com um poder nunca antes visto na história, atuam de maneira literalmente monstruosa, vale dizer, indiferentes ao alcance do seu poder e ao encadeamento de seus efeitos. No caso dos mega-agentes econômicos que atuam em escala global isso é especialmente nítido. Organizados em termos de seus interesses pontuais variáveis, em nome da sua própria eficácia eles necessariamente concentram a atenção sobre uma gama limitada de efeitos de suas decisões, aqueles efeitos que imediatamente se traduzem em vantagens. Isso, de por si, não os diferenciaria de empresários convencionais, salvo pela escala imensamente maior do seu poder. Ocorre que, nessas condições, eles necessariamente deixam de concentrar-se sobre a sequência de efeitos que seus atos acarretam para além do seu êxito em obter resultados esperados. Dotados de força desmedida, não alcançam nem se preocupam em alcançar o controle pleno do seu poder, cegos aos desdobramentos mais remotos de suas ações (por razões estritamente pragmáticas e não por alguma perversão) . Esses desdobramentos afetam populações inteiras, embora sejam rigorosamente irrelevantes para aqueles agentes.

Isso suscita em novos termos a questão da responsabilidade. Para além de exigência fundamental para se pensar de maneira séria a questão da política e da cidadania, da civilização e da conduta civil, ela ganha agora um caráter específico. Assinala-se com urgência a sua condição mais literal, que é a capacidade de responder, e não apenas no sentido de o agente, individual ou institucional, poder ser cobrado por seus atos, em alguma variante de *accountability*. Nas condições contemporâneas a responsabilidade deve ser vista como o que é na sua essência, vale dizer, o oposto da indiferença. Isso permite recolocar na mesa a questão dos interlocutores, da qualificação mútua como interlocutor. Pois não se trata simplesmente de uma espécie de cobrança moral unilateral, visto que os agentes mais poderosos são estruturalmente alheios aos efeitos mais remotos das suas decisões. Portanto a responsabilidade, a exigência da responsabilidade, passa pela quebra dos mecanismos de indiferença estrutural em nossas sociedades. Com isso ela ocupa posição central na referência que tomei como ponto de partida, que é a civilidade. E esta remete à questão de formas de ação intrinsecamente políticas, que não encontram limites a não ser no exercício do respeito mútuo pelo conjunto dos homens, pela humanidade na sua acepção cosmopolita. A indiferença estrutural é a destruição, é o ponto extremo da negação da civilidade. O que estou tentando sugerir é que a civilidade, a ação civil, no limite a civilização, é sim o fundamento de qualquer política digna de ser levada a sério, pois do contrário fica-se restrito ao plano estritamente administrativo, técnico.

Qual é o cenário melhor para pensar avanços nessas condições? Vou me permitir um jogo de imaginação, retomando a referência de Adorno. A civilidade, diz ele, tem um momento histórico específico, de convenções enfraquecidas associadas a individualidades em vias de se fortalecerem. Pensemos nossa pequena utopia em termos políticos globais: instituições políticas enfraquecidas, individualidades políticas, particularidades políticas em ascensão. A individualidade não é pensada aqui como o singular solto, mas como a forma determinada que o todo assume na figura do cidadão e de suas formas de organização. O cenário bom seria este, de instituições políticas em fase de enfraquecer-se sem desaparecerem, e avanço das formas de individualização generalizada, ou seja, solidária. Avanço, portanto, no âmbito da efetiva responsabilidade da constituição de novas pautas civilizatórias. Não vai acontecer tão logo, e as questões de organização e de ação política envolvidas são difíceis. Entretanto, se nossa atenção não conseguir ir além do olhar de Medusa das instituições tal como se encontram (uma passável imagem das modernas sociedades de controle, diga-se de passagem) jamais avançaremos um passo. Contudo, se quiséssemos simplesmente rompê-las, na suposição de que, uma vez elas destruídas, nós estaríamos inteiramente à vontade para exercer nossa racionalidade sem peias, também estaríamos perdidos. A vida política mais ampla, assim como a pequena dimensão da civilidade, se faz pela busca persistente da autonomia livre, associada à renúncia consciente ao ato de pura agressão destrutiva. Entre a adesão cega, a fúria destrutiva e a indiferença fria há espaço para a posição que vê no outro, no conjunto dos outros, os parceiros solidários de uma construção sem fim, a única que importa, de um mundo em vias de civilizar-se.

Estamos falando de civilização, e temos não só o direito como também o dever de falar da barbárie. Porque estamos preocupados com intervir de maneira reflexiva e consciente neste mundo, mesmo sabendo das enormes dificuldades envolvidas. Por exemplo, temos o direito e o dever de buscar em nossas sociedades e trazer à tona isso que eu chamei dos temas fundantes que orientam a interpretação, que dão sentido à experiência dos homens; ou pelo menos entender algo de como essa coisa funciona.

Fazemos isso, todavia, contra o pano de fundo de que a barbárie está aí. Não estamos vivendo um momento de construção civilizatória. Pois a indiferença é barbárie, não é civilização; civilização é exatamente a atenção ao outro. Isso está posto, envolve um esforço prolongado e nós estamos, sim, atuando no momento presente num cenário que oferece espaços relativamente reduzidos à ação global, embora ofereça muitos espaços à ação pontual. Um dos grandes problemas da reflexão e da ação social e política do momento presente consiste exatamente em encontrar formas totalizadoras de articulação da multiplicidade de ações pontuais que se manifestam no interior das nossas sociedades. Isso envolve um problema, que é o de não reproduzir armadilhas que talvez um pouco precipitadamente assinalei em referência a termos como sociedade civil ou opinião pública. Não podemos mais apostar na multiplicidade ou na mera agregação de interesses particulares organizados. Pois uma coisa é a referência pública, outra coisa é a organização do interesse privado. Agora o espaço da totalidade está ocupado, este é o dado novo após a freada do socialismo. O cenário é sombrio, mas não é drasticamente negativo. Qual é nossa tarefa? É encontrar o sentido desses espaços e tentar articulá-los, para avançar na busca de um sentido global de articulação entre os espaços de ação existentes e sua ampliação – mas não, claro, de maneira aditiva. No momento falta-nos a capacidade teórica e prática para tanto.

Praticamente não está visível e teoricamente é muito difícil a tarefa essencial, de retomar em novos termos aquilo que foi o grande tema do marxismo, que é pensar a totalidade sem perder de vista os múltiplos conteúdos que se desdobram na sua dinâmica interna e engendram outras tantas formas. Este é o momento de levar a sério a observação do velho Freud: a voz da razão é débil, mas persistente. Temos essa tarefa mesmo em tempos sombrios, talvez nem tão sombrios assim, depende muito de nós. Deveremos ser muito teimosos, muito persistentes, e capazes de reproduzir em escala ampliada esse ato de consciente loucura que é chegar aqui e discutir temas como cidadania, civilização, civilidade, como se todo o mundo os estivesse discutindo fora desta sala. Não está. Mais uma razão para não deixar de discuti-las.

DO BOM USO DOS DIREITOS: DOIS ADENDOS

1. IMPUNIDADE

Nesta terra todo mundo faz o que bem entende e nada acontece. Esta ideia, que não é nova, vem assumindo para muitos o caráter de uma constatação inquestionável. Claro que concepções como essa dificilmente se difundiriam tanto sem algum fundamento real. E não será agora, quando a desproporção entre os atentados às normas mais elementares da convivência civilizada e sua punição vai-se tornando abissal, que alguém irá sustentar que vivemos no mais pleno império da lei e que as instituições funcionam como manda o figurino.

A questão é: vivemos mesmo numa sociedade desregradamente permissiva, em que as poucas leis existentes não se aplicam? Nem os mais enérgicos adeptos da tese da impunidade sustentam isso. Primeiro, porque não faltam leis. Até sobram, e formam um denso cipoal. Segundo, e principalmente, porque a ideia da impunidade generalizada só faz sentido quando quem a exprime não se inclui entres os impunes. Quanto aos impunes de fato, esses não se preocupam com generalizações.

A ideia da impunidade generalizada aponta para alguns dos dilemas mais fundos da nossa sociedade. A ideia de que outros são impunes (mas eu não) não se nutre da consciência da necessária universalidade da lei, mas sim da mais ou menos vaga impressão de que de fato há punições, mas elas não se aplicam àquelas pessoas ou àqueles atos considerados merecedores disso.

A indignação com a impunidade tende a converter-se em reivindicação de mais punições. Mas – e este é o ponto – não há caminho linear que leve disso à reivindicação não punitiva e sim civilizadora, que é a da universalização não somente das penas como dos direitos. Meu argumento é o de que a sociedade brasileira suscita o tema da impunidade precisamente porque é atravessada de ponta a ponta por uma concepção punitiva das relações sociais. Pune-se demais e não de menos, mas pune-se como contrapartida da noção de impunidade: pela via privada, à margem das instituições (ou mediante sua pura e simples apropriação) mais do que pela via da efetiva constituição de um poder público.

A ira contra a impunidade é compreensível, mas perigosa quando ganha primazia no debate. Ela só oferece duas saídas: ou o moralismo rancoroso de quem quer ver alguém (de preferência bem identificado) preso ou até morto ou o cinismo (menos crispado, porque pelo menos na aparência baseado numa generalização de fato) de quem argumenta "já que todos podem, por que não eu?". Em ambos os casos fica implícita a posição, marcada pelo viés autoritário arraigado na sociedade, de que o problema se resume na punição (ou na sua ausência).

Não é portanto o desregramento da impunidade que marca nossa sociedade, mas a punição sem regras, que tolhe nos atos e nas ideias o acesso àquilo que importa: o poder efetivamente público e a universalização dos direitos.

2. PENA DE MORTE

Pena de morte? Que a sociedade se manifeste, e a maioria decida. Essa posição vem-se apresentando com crescente frequência no debate sobre a adoção da pena de morte no Brasil. O argumento implícito é o de que a posição popular majoritária imprimirá à deliberação sobre o tema um caráter democrático. Quero contestar este argumento. Minha posição é a de que a pena de morte não pode ser objeto de deliberação majoritária, até porque sua adoção colide com os princípios básicos de uma ordem política democrática.

Numa ordem política democrática as deliberações sobre matérias de interesse coletivo obedecem à regra da prevalência da vontade majoritária, assegurando-se aos defensores da posição minoritária o direito de representá-la em outras oportunidades, na busca do apoio das maiorias. O ponto decisivo é precisamente este: a minoria não é anulada por ter sido vencida numa deliberação. É isto que dá à regra da maioria numa ordem democrática o seu caráter propriamente político. Não se trata de uma orientação para deliberar sobre questões últimas, de caráter universal, tipo se os homens devem ser felizes ou não, belos ou não.

Ela trata de questões concretas da convivência civil: quem nos representará na elaboração das leis? Quem escolheremos para exercer o governo nos próximos quatro anos? Qual programa partidário é o mais aceitável? Trata-se de uma regra com caráter genérico e universal, sim, mas num aspecto específico: o do acesso irrestrito dos cidadãos à participação deliberativa, no mínimo mediante a escolha livre dos seus representantes.

Por que isso é incompatível com a aplicação de um critério majoritário para decidir sobre a pena de morte? Por duas muito boas razões, no mínimo. Em primeiro lugar, a maioria é intrinsecamente falível. Quer dizer, da perspectiva democrática as falhas da deliberação não são apenas ocasionais e externas, mas são possíveis em princípio. Portanto, nenhuma deliberação pode ter consequências inexoráveis e irreversíveis em princípio. Ora, pergunte-se a quem se quiser se há algo mais inexorável e irreversível do que a morte, e tirem-se as conclusões. Em segundo lugar, a deliberação majoritária, quando democrática, respeita os direitos da minoria. Isto inclui o direito de persistir na sua posição e também de recorrer de medidas do poder público cujas consequências (vejam bem: não só aplicação, mas as consequências, porque é aqui que se vê se o erro é reparável ou não) impliquem dano a prerrogativas básicas dos seres humanos (como ocorreria no caso da discriminação racial, num caso mais brando, ou da perda da vida, no caso extremo).

A regra da deliberação majoritária é democrática precisamente enquanto é regra geral de procedimento, e não recurso de ocasião. Como recurso ocasional nada tem a ver com democracia, e pode muito bem servir para legitimar atos ou desígnios autoritários. Como regra que se aplica a todas as deliberações de interesse coletivo, ela não se confunde nem com questões de princípio, relativas aos fundamentos últimos das ações, nem com questões puramente técnicas, relativas à sua eficácia. No jogo democrático os princípios últimos devem ser traduzidos em medidas efetivas, que permitam a convivência civilizada, mediante o entendimento entre as partes.

Um princípio (moral, estético ou de qualquer outra natureza) constitui base legítima para assumir-se uma posição nos debates públicos, mas não mais do que isso. O essencial, na ordem democrática, é que ele próprio está sujeito ao escrutínio público, nos significados concretos que assume (ser justo significa o quê? E ser honrado?). Se há coisa avessa a dogmas é a deliberação democrática: ela exige liberdade, mentes abertas, racionalidade. Quanto às considerações de índole técnica, também trazem elementos importantes para as avaliações e as decisões, mas igualmente requerem tradução para o plano propriamente político. Não basta sustentar que determinada medida é eficaz para dar-lhe a condição de boa deliberação. Interessa o significado que ela assume no interior da ordem democrática. No caso do debate sobre a pena de morte, isto significa que a questão sobre se essa medida tem eficácia dissuasiva do crime é secundária, senão irrelevante. Não importa se a ameaça da pena de morte possa dissuadir alguém de cometer assassinato: muitas outras circunstâncias poderão ter o mesmo efeito, com implicações inteiramente diferentes para a ordem social. E é esta que está em jogo, não a questão técnica de qual é o dissuasor mais eficaz da criminalidade.

Um aspecto decisivo, nisto tudo, é que o cidadão condenado por crime em julgamento correto e justo continua sendo cidadão, a menos que se queira reintroduzir (porque já a houve) a pena infamante do banimento, ou, o que apenas é a versão mais extrema disso, a pena de morte. Numa ordem democrática os direitos básicos do cidadão não cessam com a sua condenação por crime, e seria difícil conceber que o direito mais elementar de todos fosse exceção. Mas há os crimes hediondos, dirão alguns. Muito bem: o que é um crime "hediondo"? (De passagem: qual não o é, se merece repulsa e punição pela sociedade?). Matar uma criança no contato físico direto é mais hediondo do que submeter muitas crianças às dores da fome mediante o desvio de recursos da merenda escolar? Por esse caminho não iremos longe: no segundo passo tropeçaremos no cipoal dos preconceitos.

A conclusão é clara. Ou levamos a sério os pressupostos da ordem democrática, a falibilidade intrínseca das deliberações, a universalidade dos direitos, o respeito às minorias, ou a adoção da pena de morte mediante procedimento plebiscitário no pior sentido do termo lançará sua sombra também sobre a democracia que tanto nos custa construir.

A SOCIOLOGIA E O NOVO PADRÃO CIVILIZATÓRIO

Meu propósito aqui é assinalar a feição que assumem no mundo de hoje alguns temas centrais do legado clássico na Sociologia. Meu ponto de partida é dado pela circunstância de que a grande teoria social jamais se limitou a expor uma situação ou a descrever uma condição do mundo. Para além disso, suas múltiplas variantes convergem num ponto: exprimem, cada qual no seu modo, uma carência, uma insuficiência fundamental em seu objeto de estudo. Carência de orientação normativa, em Durkheim; de iniciativa dirigente, em Weber; de transformação, em Marx; da espontaneidade do fluxo da vida, em Simmel. Essa percepção de uma falta naquilo que o mundo social tem de mais fundo traduz-se na pergunta sobre por que as coisas seguem este rumo e não outros. O problema básico sempre tem a ver com a mudança na sociedade e com os sentidos que ela assume.

Das muitas coisas que mudaram nas ciências sociais ao longo do último século lembremos em primeiro lugar a mais abrangente. Se na passagem do século XIX para o XX a grande questão que se apresentava era a das condições de incorporação na sociedade de novos grupos em vias de se organizarem e firmemente determinados a se fazerem presentes nos diversos cenários sociais, um século depois exibe-se um quadro inverso. Agora, a questão é de como fazer frente à aceleração de processos de exclusão, e não mais de inclusão.

Antes, os conservadores viam com maus olhos a emergência das "massas", e os adeptos da mudança, também chamada progresso, apostavam suas fichas na conversão daquelas massas em atores políticos organizados. Com efeito, organização era o termo em torno do qual tudo se articulava. Nisso se revelava uma herança que vinha desde a transição secular anterior, na linhagem que passa por Saint-Simon e Comte e que se abre em múltiplas trajetórias no século XX. Na realidade, era pelo ângulo da organização que ganhava conteúdo o tema da inclusão. Num registro positivo ele era entendido como sinônimo de participação numa ordem social. Por outro lado, no registro negativo da propensão conservadora a identificar organização e ordem, era entendido como desorganização da sociedade, homogeneização entrópica. Nessas condições a questão central passa a ser: quem organiza o que, em nome do que? Dessa questão resulta uma segunda, que se põe mais propriamente no nível político e no econômico: dada uma forma de organização, quem acumula poder de decisão, por um lado, e acesso a recursos, pelo outro? E, já em termos críticos: em detrimento de quem?

Claro que o problema encontra formulações diferentes nas diversas áreas das ciências sociais. A questão sobre qual é a instância organizadora pode resolver-se como na caça do gato durkheimiano ao próprio rabo, na qual a solução acaba sendo a própria sociedade, entendida como a organização por excelência, da qual todas as outras derivam. Essa posição, por sua vez, encontra uma contrapartida radical na tese de que só existe vontade e ação correspondente em entes individuais, impondo-se pois quebrar o círculo durkheimiano, em que a sociedade sempre se reencontra como num jogo de espelhos. Trata-se de buscar capacidade de ação, agência efetiva (antes de estrutura), cuja ação se traduza em confrontos de vontades com resultados não orientados de antemão pelo sistema normativo da sociedade. Nessa perspectiva a organização do conjunto social segundo uma vontade dirigente passa a ser o bônus da eficácia da decisão. Dá-se assim realce ao tema bastante moderno (pós-maquiaveliano, digamos) da decisão em condições em que a racionalidade é mais atributos dos agentes que integram a sociedade do que dela mesma. São os cidadãos que definem a polis e não oposto. Claro que essa é a saída de Weber, mas não só dele. Entre essa posição e aquela que dá primazia à polis, à sociedade enfim, há espaço de sobra para essa combinação de estrutura e agência que está presente em grande parte do pensamento social no século XX, em configurações altamente diferenciadas, em que se traduzem as mudanças de foco dos problemas e a renovação das questões.

A nova transição secular, ao expor as ciência sociais a um quadro tão diferente do anterior, põe à mostra uma certa fadiga dos modos de equacionar os grandes problemas. A velha distinção entre estrutura e agência, ou sistema e ação, perde muito do seu gume quando a questão deixa de ser como expandir (e portanto diferenciar) o sistema pela incorporação de novas formas organizadas de ação (de atores, portanto) e passa a ser a de quais são os atores que não têm mais papel a desempenhar e poderão ser deixados de lado. O ponto que quero antecipar aqui é que até uma fase avançada do século XX a referência paradigmática consistia na associação entre organização e expansão. Vale dizer, estavam em jogo processos expansivos de diferenciação interna das sociedades, tanto pela ótica dos elementos de sistemas quanto da ótica da constituição de atores. Na virada do século, contudo, rompe-se essa associação, pela perda de substância da expansão. Tal desgaste envolve uma separação mais funda, entre *expansão* e *acumulação* (como termos concernentes a modalidades de relação social, para além do aspecto estritamente material). A referência à organização segue sendo central, mas tende a girar no vazio quando não se encontra o termo que possa substituir o da expansão (ou o seu associado direto, acumulação). Esse termo já se mostra com nitidez: trata-se de *seleção*. A ideia, aqui, é que nas condições que se vão desenhando contemporaneamente o princípio da seleção cumpre papel correspondente ao da acumulação na fase que se vai fechando. Isso não significa que ela deixe de existir, mas que se tornou componente "rotineiro", não problemático no processo. É esse princípio da seleção que promete dar conta de uma condição histórica em que sistemas altamente complexos e portanto muito avançados em termos de organização vão constituindo uma dinâmica em que a expansão, desvinculada da acumulação, se dá pela eliminação de partes pela borda afora mais do que pela incorporação de elementos e processos (embora ela também ocorra). Isso traz à cena uma consequência disso derivada, a de que a expansão se dá mediante a concentração de capacidades e meios. O primeiro problema que se apresenta neste ponto consiste, então, em especificar o modo como esses termos se articulam.

Postas as coisas nesses temos, faz sentido esboçar alguns traços daquilo que pode ser o campo no interior do qual os novos problemas (o que inclui as novas versões de velhos problemas) poderão ganhar forma. O argumento, neste ponto, consiste na identificação do primeiro desses traços com a emergência daquilo que já foi designado como "umbral civilizatório". Essa situação, de resto, havia sido percebida à sua maneira pelos grandes mestres fundadores das ciências sociais há mais de um século. Mas a aceleração dos processos históricos ao longo do século XX de certo modo subverteu todos os programas então traçados. Não que isso signifique que um novo modelo de civilização esteja em vias de forçar irresistivelmente passagem na atual etapa histórica. Na realidade, uma das coisas que o último século nos ensinou é que modelos de civilização são coisas muito frágeis, certamente mais frágeis do que modelos de organização econômica ou política. Ensinou-nos mais do que isso, ao deixar claro que a referência à civilização é muito mais da ordem das propostas normativas do que das configurações objetivas da experiência social. Trata-se de um terreno a ser disputado mais do que de um campo já preparado, em que o jogo das formas de associação se faça conforme regras consensuais. Trata-se na realidade de um terreno privilegiado, aquele em que se desenha a cartografia social da experiência, com o que fica desde logo indicada a importância da retomada de mais esse tema crucial, na busca de uma nova teoria da experiência social.

A expressão "umbral civilizatório", indicando algo como o limiar de passagem de um padrão de civilização a outro, poderá suscitar fortes objeções. Afinal, não é de modo algum evidente que esteja em curso algo tão radical como uma completa reestruturação de modos de conduzir e conceber a vida social. Creio que neste ponto vale a pena sugerir uma distinção naquilo que concerne à mudança social em grande escala. É perfeitamente plausível a ideia de grandes cortes históricos de caráter revolucionário, em que emerge um padrão diverso daquele que antes dava forma à vida social. Mas isso não deve ocultar que a mudança qualitativa não se esgota na distinção radical entre estados consecutivos na história das formações sociais. A nova qualidade pode emergir da condensação e síntese de elementos todos eles já presentes no cenário histórico, por um processo que é mais de explicitação e de imposição de contornos nítidos a um quadro ainda incerto do que de transformação. Marx apostou na primeira concepção. Todos os demais clássicos, de Tocqueville a Weber passando por Durkheim, apostaram na segunda (para não falar dos adeptos da "revolução conservadora" nos fascismos do século XX). Essa concepção é compatível tanto com a linguagem durkheimiana da síntese de representações dispersas quanto com a preocupação weberiana com a racionalização como um processo que impõe nitidez e rigidez crescente às orientações da ação. Está em jogo o desenho de novos limites para as ações e os seus sentidos, pela condensação de elementos dispersos nos processos sociais. Mas é precisamente neste ponto que se impõe à consideração crítica e à explícita incorporação da dimensão normativa na análise. Pois do contrário corre-se o risco de cair na mais antiga armadilha da Sociologia, que é a de assimilar irrefletidamente uma concepção de forte vinco conservador. Politicamente o século XX nos ensinou que a estrita e plena explicitação do estado de coisas presente mediante a sua amarração numa configuração nítida corresponde a alguma variante do fascismo, da "revolução pela direita" como dizia nos anos 30 Hans Freyer. Para escapar dessa cilada é preciso ter-se claro que falar em civilização, e sobretudo em mudança civilizatória, por certo não é o mesmo que falar em revolução, mas também não é deter-se nos limites já dados por uma forma histórica de vida. É ser capaz de ir além do que está dado para assinalar, no campo dos possíveis, o que falta ser efetivado para que o termo mereça o sentido que tem, de vida livre (se me permitem essa expressão venerável), de república plenamente realizada. Neste sentido, a reflexibilidade, que num Giddens aparece como traço positivo da virada do século, melhor seria pensada como uma possibilidade que se traduz numa exigência normativa intimamente ligada ao cuidado com a dimensão civilizada da vida social.

PADRÃO CIVILIZATÓRIO

Nada disso faz sentido, contudo, se não nos entendermos sobre o que está em jogo quando se fala de civilização, ou, como prefiro, de padrão civilizatório. Quero dizer que devemos nos preparar para a tarefa de propor de modo consciente e comprometido os contornos de uma forma de vida que não seja a mera reiteração da que atualmente é hegemônica e cuja construção as novas condições das sociedades tornem viável ou pelo menos plausível. Estamos diante de uma abertura histórica, não de um rumo inexorável nem, muito menos, de uma porta escancarada para todas as vias que quisermos. A mudança de tom que agora se instala não é casual. É de modo deliberado que passo para um registro francamente normativo. Pois o argumento que aqui busco formular tem como uma das suas peças centrais a ideia de que a dimensão normativa vai deixando de ser uma espécie de pano de fundo implícito quando não reprimido da análise social para projetar-se com força no centro da atenção.

O primeiro passo para esse avanço consiste em recuperar esse conceito olhado com merecida desconfiança, dada a sua carreira histórica: o de civilização. A expressão alternativa padrão civilizatório, embora deselegante, parece-me mais adequada ao que tenho em mente. Mas nenhum rodeio terminológico eliminará a carga que pesa sobre um termo que acabou sendo incorporado ao vocabulário de uma específica ala do pensamento social, a mais comprometida com posições conservadoras ou francamente de direita. Passo inteiramente ao largo do uso que atualmente faz do termo um Huntington, por exemplo. Limito-me neste ponto a adiantar que a ideia de diferentes civilizações prontas a entrar em conflito amesquinha tanto o conceito de civilização como o conceito intimamente aparentado de cultura, desde logo ao sonegar à civilização o atributo da universalidade.

Importa recuperar referências contidas nesse termo que foram soterradas pela distinção que em certa época se construiu, entre "civilização" e "cultura", em boa medida como resposta conservadora aos ímpetos progressistas e evolucionistas daqueles que apostavam numa sequência ascendente de níveis cada vez mais avançados de organização da vida social, entendidos justamente como etapas civilizatórias. Atualmente devem ser poucos os defensores de uma irreversível evolução civilizatória. Mas a resposta a essa concepção produziu efeitos perversos, ao corromper o termo pela raiz. Nessa perspectiva "civilização" passou a significar a mera aquisição e manutenção de recursos técnicos e de destreza, reservando-se o termo "cultura" para algo mais elevado, que seria a capacidade de infundir sentido a essas habilidades em princípio acessíveis a todos. Numa formulação bem conhecida, civilização seria dispor-se de garfo e faca e cultura consistiria em saber servir-se deles de modo conveniente (conforme regras sociais específicas, portanto). A manobra é clara. Introduz-se uma cunha na junção da ideia de civilização como conjunto de técnicas com a de cultura como fonte de significados para valorizar a segunda em detrimento da primeira. Com isso desloca-se o foco daquilo que seria universal, a civilização, reduzida a locus de habilidades e destrezas genéricas, para a cultura como o particular, restrito, peculiar a este ou aquele povo ou grupo social, ao qual confere significação própria.

Isso tem uma consequência importante do ponto de vista do meu argumento. É que, ao destruir-se por essa via o contraste entre "civilização" e "barbárie" que tanto importava aos velhos evolucionistas, para quem ele indicava diferenças remediáveis entre estágios de desenvolvimento, insinuava-se a ideia de que a mera civilização, sem o corretivo restritivo e historicamente contingente da cultura, abrigaria ela mesma a barbárie. Isto à primeira vista pode parecer uma concepção crítica um tanto "frankfurtiana", que assinalaria o germe da barbárie no interior mesmo da civilização que se apresenta como a mais avançada. Mas não é isso. A atitude envolvida não é crítica: é de pura e simples desqualificação daquilo que concerne ao que é universalmente humano em nome das qualidades reservadas a grupos particulares. Grupos esses dotados da capacidade de atribuir forma à experiência social mediante a imposição de significados, ficando a civilização reduzida â condição de um fundo comum de referências anônimas, dependentes da presença de uma específica cultura como a grande nomeadora. A tarefa que temos hoje envolve justamente retomar a reflexão crítica tanto da civilização quanto da cultura, para surpreender seus limites e também seu potencial não realizado, incluindo a barbárie, que também tem o seu momento de verdade (com o que estaríamos, sim, na linha dos mestres de Frankfurt). Meu objetivo é ver recuperado o complexo significativo que anima a ideia de civilização e a torna inseparável da ideia de cultura, entendida em sua acepção não restritiva, como cultivo da humanidade, como formação. Vida civil, livre convivência na cidade, cidadania e, no limite, lar, abrigo, espaço de paz – tudo isso faz parte desse complexo, assinalando o grande tema que secretamente movia os grandes mestres das ciências sociais nascentes, traduzido no anseio por uma sociabilidade que permitisse a todos estarem em casa, chez soi.

Uma referência específica poderá ilustrar melhor a minha preocupação. Logo após o colapso do bloco soviético o sociólogo alemão Helmut Dubiel publicou um artigo sobre o "luto da esquerda". Valendo-se engenhosamente de categorias psicanalíticas, ele examina contra o pano de fundo desse evento as modalidades de resposta à perda irreparável. No final, interroga-se sobre o papel histórico que poderia restar à esquerda nessa fase. Sua resposta é que a tarefa imediata que lhe cabe consiste em "civilizar o capitalismo". Ambição bem modesta, dirão aqueles que ainda se lembram de tempos em que essa tarefa era pensada em termos de substituição do capitalismo de ponta a ponta, incluindo um novo padrão civilizatório. A abdicação que se exprime no texto de Dubiel consiste em abrir mão, por enquanto pelo menos, da tarefa de gerar e tornar efetivo um novo padrão para aceitar a incumbência de ativar, ou reativar, o padrão próprio à organização atualmente hegemônica da vida social. De uma certa forma trata-se de aceitar o lado sombrio do modo como Rosa Luxemburgo formulou a expressão "socialismo ou barbárie". Para ela importava mostrar duas coisas. Primeiro, que a crise do capitalismo era inevitável. Segundo - e aí está o ponto essencial - que a crise do capitalismo sem a alternativa histórica que só o socialismo poderia propor representaria a barbárie. Esgotada a força civilizadora do capitalismo o bastão passaria para os que propunham a alternativa socialista, sob pena de algo que escapava da visão progressiva evolucionista da social democracia, a saber, a possibilidade concreta da regressão histórica. Na ótica de Dubiel, que nisto é um legítimo herdeiro da escola em que se formou em Frankfurt, perdida a oportunidade para o grande salto para além do capitalismo resta fazer o que este sozinho não consegue, e que no entanto é vital: manter o mundo habitável.

A esquerda como pedagoga da história (sempre lembrando que pedagogo era o escravo encarregado de conduzir para o aprendizado os infantes bem nascidos). É pouco; mas a alternativa é a barbárie. Cabe perguntar, então: em nome de que essa alternativa é inaceitável?

Bem sabemos como o termo "bárbaro" traz uma carga desde a origem: o estranho, o que não fala (a nossa língua), o inacessível, o que tem que ser mantido longe, ou submetido. Nessa concepção a barbárie é a invasão da nossa casa pelo estranho. (Nisso se exprime o lado sombrio da associação entre civilização e morada, mundo habitável). Esta é, até hoje, a ótica conservadora (os franceses seguidores de Le Pen que o digam, entre outros). Nessa perspectiva, a civilização deve ser preservada contra a ameaça externa, é algo a ser cercado, blindado. Não há, de resto, como evitar que neste momento ocorra à mente um significado original do termo polis, que é muro, limite; o que mais uma vez nos recorda a íntima associação da noção de civilização com o medo, que é transferido para fora, para os de fora. Afinal, nossos conceitos trazem todos eles as marcas de múltiplas incrustações históricas, e não há como tentar limpá-los, nem cabe esse gesto; mas cabe, sim, saber discernir suas muitas camadas indutoras de interpretações tácitas. Ocorre que, seguindo-se esta linha de argumentação, logo concluiremos que a ideia de barbárie é uma construção que não resiste à mudança de perspectiva gerada pela consideração do outro como legitimamente diferente e merecedor de respeito como tal. Seria razoável prosseguir, nessa mesma linha, dizendo que esse gesto de alçar o outro à condição de diferente mas igual é o gesto civilizado por excelência. Mas isso não é suficiente. Como a nossa direita europeia descobriu há bom tempo e já foi demonstrado por vários ângulos pelos seus críticos (basta pensar, entre nós, nos trabalhos de Flávio Pierucci) o tão decantado respeito pelo outro não rompe o círculo perverso do confronto do particular com o particular, em que cada qual fica do seu lado na sua irredutível diferença. Certamente somos de fato diferentes. Nisto reside o momento de verdade da barbárie. A sua falsidade consiste precisamente em tornar absoluto esse seu momento de verdade. (Todo relativismo repousa em algum absoluto não questionado). Civilização, para fazer sentido, remete ao universal. É só neste que se pode romper, pela descoberta dos laços que atravessam o conjunto todo, a casca opaca das peculiaridades tornadas absolutas e externas umas às outras. O jogo das peculiaridades soltas ainda é a ordem da barbárie. Em primeiro lugar, naquilo que aqui nos interessa, porque nesse plano não é possível evitar que o respeito pelo outro deslize rumo à indiferença face ao outro. A aceitação generalizada da diferença é a expressão exata da indiferença.

BARBÁRIE E INDIFERENÇA

Meu argumento é precisamente este: que a face contemporânea da barbárie exprime-se na indiferença. Mas há um segundo passo nesse argumento: essa associação é fundamental porque a indiferença é um traço estrutural básico da forma de organização das sociedades conforme ao modo contemporâneo de operação do capitalismo. A ideia é que a lógica do funcionamento do intercâmbio intra e internacional no interior do sistema global que se vai desenhando nas últimas décadas envolve um aspecto da maior importância: a saber, que o aumento de capacidade de decisão de um número restrito de agentes econômicos operando em todos os quadrantes planetários gera efeitos em grande escala marcados pela circunstância de serem em grande medida indeterminados. Mais: que essa indeterminação não afeta esses agentes dotados de capacidade de decisão altamente concentrada porque a propagação dos efeitos dos seus atos pode em grande medida ser tida por eles como irrelevante para os seus objetivos pontuais.

Nessas circunstâncias altera-se o próprio significado do termo decisão. Na origem ele se referia a um ato de um agente senhor da sua vontade que, numa situação de crise (isto é, de paralisia por extremar-se a distância entre as opções disponíveis) intervém para criar uma nova situação, uma nova configuração, no limite uma nova legalidade. Neste sentido decisão não se confunde com mera escolha entre alternativas, pois é criação de novas alternativas. A oportunidade importa para a decisão, sem dúvida, mas a orientação básica dirige-se para o *controle* da situação, da maneira mais integral e no prazo mais longo possível. Não é mais este o caso, na etapa contemporânea. A nova palavra de ordem é rapidez, resposta rápida. Decisão deixa de ser um sinal de virtu do agente que depois busca conservar o objetivo conquistado: passa a ser a capacidade de detectar num átimo a oportunidade, a fortuna fugaz. Para Maquiavel a capacidade de decisão fulminante do príncipe era inepta quando não acompanhada pela capacidade de manter sob domínio o conquistado. Nas condições atuais, "pós maquiavélicas", a decisão rápida é fundamental, mas não para em seguida assegurar o domínio em espaço incerto porém manejável e sim para fazer-se capaz de passar para outra posição, a ser entrevista em um instante. Cada vez mais os agentes do capital percebem que seus interesses não mais se concentram na capacidade de explorar produtivamente força de trabalho. Embora básico, isso se torna subsidiário, mesmo ao incorporar a circunstância paradoxal de que a exploração aumenta ao invés de diminuir e recompõe formas de sua etapa "primitiva" com a entrada em cena de formas mais eficazes de valorização, junto com a desqualificação do trabalho nos serviços. Até porque o capitalismo abriu mão de sua vertente soft e evita a crise ao exacerbar seu lado hard sob a capa etérea do mundo digital (que parece soft e com isso oculta sua face sombria e decisiva, de potenciar quase sem limite o controle sobre os subordinados). O fulcro do regime do capital vai se orientando para a incorporação de técnicas organizacionais e de planejamento que lhes permitam, num mundo globalizado e hipercomplexo, concentrar em cada momento a atenção estritamente nas oportunidades difusas de ganho que cintilam aqui e acolá. Não se trata mais de buscar eliminar ou neutralizar os componentes irracionais (vale dizer, não controláveis) do ambiente em que se age, mas de ignorá-los. E não por negligência e sim por exigência operacional de um sistema hipercomplexo que não comporta hesitação e desloca a crise econômica para o subsistema político.

Nessas condições a nitidez na escolha do alvo, a destreza e a rapidez na decisão são os imperativos da ação eficaz. A decisão ainda é pontual, subordinada embora a um critério de eficácia definido nos termos do sistema, que se apresenta como a instância dominante do processo. É o caso de propor a questão do papel do modo de produção capitalista nisso tudo. A exposição feita até aqui poderia sugerir que algo novo e diferente se erige sobre o capitalismo como sistema produtor de bens, necessidades e riqueza. A palavra central, entretanto, é sistema. No essencial o capitalismo se mantém inteiro, embora não de modo estático, também na sua dimensão de sistema. Ocorre que essa dimensão assume papel crescente, até o ponto em que absorve o comando das tarefas de acumulação e expansão, que persistem como centrais embora com novo perfil.

No modelo clássico do mercado concorrencial ações singulares de agentes com alcance limitado equilibravam-se mutuamente, dispensando toda intervenção. O modelo pode ter sido uma aproximação grosseira, mas serve para contraste com uma situação como a atual, em que as ondas de choque criadas pelas ações de alguns poucos agentes literalmente monstruosos (porque não só desconhecem a força que tem como não se importam com isso quando agem) obrigam a repensar aquela categoria central do pensamento moderno que é a de controle. Com certeza os grandes agentes decisivos têm comando sobre seus objetivos imediatos e sobre o formato organizacional mais adequado para atingi-los. Ocorre que a escala de operações e a complexidade dos seus ambientes tornaram-se de tal ordem que seus efeitos secundários (diretos, indiretos e combinados ou sinérgicos) extravasam, não só pela natureza que assumem mas – e este é o ponto decisivo – porque não mais importam a quem os desencadeou. Pode parecer pouco, mas há uma diferença enorme entre o agente que conhece os seus limites de intervenção eficaz e se preocupa com isso, no mínimo para superá-los numa busca implacável de senhorio sobre o mundo, e o agente a quem simplesmente não importa o que decorre das suas ações para além dos limites dos seus objetivos imediatos.

Em sua acepção primitiva a ideia de controle envolvia uma responsabilidade do agente, uma capacidade de resposta às consequências dos seus atos, sem a qual perderia também sentido a ideia de organização. É também um pouco por isso que o programa socialista clássico, sobretudo na sua versão revolucionária, vai perdendo fôlego ao longo desse período. Pois torna-se difícil gerar, mediante a capacidade de resposta à ação de um adversário que age como se fosse o fugidio gato de Alice, formas de organização que permitam arrebatar-lhe o controle dos processos. Isso numa situação em que ele próprio há muito abriu mão da racionalidade organizada e controladora que permitiria de algum modo prever seus atos. O novo ambiente combina de modo peculiar a concentração de capacidade de decisão com o caráter aparentemente errático das ações. Eis porque faz sentido sugerir que a ênfase na dimensão da organização é do passado, substituída que vai sendo pela ênfase na mobilidade. Não é um mero jogo de palavras afirmar que as novas condições históricas vão substituindo a possibilidade da organização responsável pelo exercício da mobilidade oportunista.

É nessa linha de reflexão que se pode sustentar que a atual lógica econômica dominante está centrada naquilo que se poderia denominar indiferença estrutural, que envolve a irresponsabilidade das agências decisivas (empresas, mas também em escala crescente os estados nacionais) em relação a tudo que exceda a órbita imediata da sua ação. Nesse sentido, corroem-se os laços entre processos econômicos e poder político, com crescente viés em prol dos primeiros. Nisso acaba fazendo sentido a imagem, discutível quanto ao resto, da crescente perda de substância do Estado como instituição classicamente associada ao âmbito nacional. Não insistirei aqui sobre o radical economicismo que anima a atual ordem dominante, nem sobre a desqualificação da dimensão política nisso envolvida. Outros, como Francisco de Oliveira, já o fizeram vigorosamente. Importa, neste passo, assinalar a importância que assume no mundo cujos contornos se vêm desenhando a contínua criação de áreas de indiferença, por efeito desse paradoxo do alcance global das decisões: à multiplicação de focos de atenção pontuais responde o aprofundamento da indiferença estrutural. A dificuldade da questão só aumenta quando consideramos que indiferença não envolve necessariamente a ausência de mecanismos seletivos. Pelo contrário, eles ganham papel decisivo. O termo "decisivo" é intencional neste ponto: alude à circunstância de que na forma de organização das sociedade e do seu conjunto vai ganhando corpo a substituição da decisão de agentes identificáveis por operações seletivas incorporadas à rotina de sistemas complexos, por mais que os dirigentes de megaempresas sejam celebrados com rendimentos e vantagens descomunais. São essas operações que definem o que é relevante ou não, o que merece atenção e o que cai na área de indiferença. Trata-se de um modo de dar conta da impossibilidade da decisão por agência responsável, posto que nenhum agente ou conjunto de agentes tem como aspirar à visão de conjunto das ações possíveis e dos efeitos previsíveis sem a qual a ação deixa de ser a expressão de capacidade de iniciativa e se converte em mera resposta, reação a demandas e estímulos.

Lembra-se com frequência o caráter exclusivo das sociedades que se vão formando na nova ordem. Mas é preciso considerar que essa exclusão não mais se dá em termos da natureza inconveniente de tal ou qual grupo social bem definido, mas incide sobre setores inteiros das sociedades, não porque sejam indesejáveis (minorias étnicas, por exemplo), mas porque são irrelevantes. Essa é a contrapartida social da relação entre o poder dos grandes agentes econômicos de decisão e o seu desinteresse pelos desdobramentos das consequências dos seus atos. Em ambos os casos áreas inteiras do terreno em que se opera tornam-se irrelevantes, insignificantes, convertem-se em áreas de indiferença. A contrapartida política disso é a redução da democracia à sua dimensão mínima, de método de escolha de governantes no interior do mercado político. A resposta possível a essa tendência (que se traduz na agregação do Estado mínimo com a democracia mínima mais a seletividade sistêmica máxima) consiste em aprofundar a democracia, no sentido da ampliação das áreas de relevância na sociedade para o debate e a deliberação públicos e na ênfase na responsabilidade. Trata-se, em suma, de reatar os laços entre democracia (levada a sério, não como slogan vazio para designar mercado político) e civilização, passando pela valorização da figura da cidadania (outro termo da maior seriedade que vai sendo corroído pelo uso rotineiro). Claro que isso passa por uma crítica severa das interpretações teóricas e das aplicações efetivas de todos esses termos, tarefas para uma Sociologia renovada.

Não há, pois, como refugar a dimensão normativa, sempre que explicitamente inscrita no exercício mais exigente do método científico. Nem há, tampouco, como fazer avançar as ciências sociais sem recuperar grandes temas, como o da responsabilidade, que se tornaram troféus daqueles que não estão interessados em enfrentá-los a sério. A busca de um novo padrão civilizatório, em que a própria relação entre civilização e barbárie seja revista para além do jogo dos particularismos, por plurais e múltiplos que sejam, é uma exigência inescapável. E, dentro dela, a demonstração, mais uma vez e em novos termos, de que a invocação do particular e da diferença na ausência de um universalismo criticamente refletido leva os programas de ação a se perderem num jogo em que ninguém responde por nada – e portanto não há agência – e ninguém é capaz de mobilizar formas de organização para ir além do imediato – e portanto não há sistema. Um contrassenso em que se exibe com nitidez que neste admirável mundo novo as categorias de análise e as formas de intervenção social correspondentes ainda estão por ser construídas, e que para fazê-lo é mister repensar criticamente o legado conceitual e a inquietação prática que os grandes mestres nos confiaram.

DESENVOLVIMENTO COMO PROCESSO CIVILIZADOR

"A palavra 'desenvolvimento' converteu-se em termo amorfo, como uma ameba. Ela não expressa nada, porque seus limites são porosos". A sentença de um pesquisador eminente na área, Wolfgang Sachs, cabe como lema, em registro crítico, do exercício de reflexão que aqui se propõe. Para Sachs o termo desenvolvimento designa, nos dias de hoje, um "modo de pensar" mais do que uma dimensão bem definida da realidade social. Isso porque se incorporou à própria concepção corrente de sociedade e a percorre de modo homogêneo em todas as suas dimensões. Contudo, é possível detectar desde logo um componente paradoxal nessa formulação. É que, se o termo se difundiu de ponta a ponta nas sociedades contemporâneas, não é porque lhe falte foco. É que ele o tem até demais, restrito que está a um registro, o econômico, em torno do qual suas variantes gravitam. A consequência disso, naquilo que nos interessa aqui, é que uma das e ideias-chave do mundo moderno vai perdendo as suas características fundamentais. Dentre elas as mais importantes são a complexidade e a profundidade. Juntas, elas se articulam no caráter multidimensional que o desenvolvimento assume em campos diferentes da realidade, ao atravessar diferentes níveis dos fenômenos envolvidos, desde o mais evidente e manifesto até o mais profundo e oculto. Podemos, é verdade, recorrer a outro Sachs, o veterano combatente pelas grandes causas das sociedades contemporâneas, Ignacy Sachs, para encontrar posição ainda mais incisiva desta, feita na forma de uma definição sumária: "Desenvolvimento se define em termos de menos gente faminta, menos gente pobre, menos gente dormindo nas ruas". Curiosamente, expressão semelhante se encontra em figura inesperada nesse contexto, o grande expoente da teoria crítica da sociedade, Theodor W. Adorno, ao tratar do tema do progresso: "No estágio atual das forças produtivas técnicas ninguém mais precisaria passar fome na terra". Ganha-se clareza, contudo, ao conhecer a sequência do argumento em cada autor. Em Ignacy Sachs, importa que o desenvolvimento "dá acesso aos direitos fundamentais, incluindo-se o direito coletivo ao meio ambiente". Em Adorno, "a decisão sobre se persistirão a carência e a opressão – ambas formam uma unidade – repousa inteira no afastamento da catástrofe, mediante uma organização da sociedade global como humanidade". Direitos fundamentais, sociedade global como humanidade. Retenhamos esses termos, eles concernem ao núcleo da argumentação que aqui se pretende sustentar.

A perda de substância de um termo definido e redefinido em um período histórico da maior densidade não será razão para nos eximirmos do esforço por melhor conhecer o fenômeno que designa. E o momento histórico que atravessamos só faz aumentar essa exigência. Isso remete ao conjunto de questões que aqui se propõe trazer de volta ao debate (mais do que analisar em profundidade). Numa perspectiva que se propõe ser global a questão encontra em autor representativo da vertente crítica da ideia de desenvolvimento, Philip McMichel (na apresentação do seu livro *Development and Social Change*), uma formulação expressiva, segundo a qual "desenvolvimento, hoje, diz respeito cada vez mais a como sobreviver ao futuro do que a como melhorar em relação ao passado".

Essa perspectiva merece atento exame, até porque corresponde a preocupações correntes naquilo que, em linguagem datada, seria o "mundo desenvolvido". Formulação datada sim, pois, conforme se argumentará aqui, não existe nem jamais existiu mundo que merecesse o atributo de desenvolvido. Em contraste, nas áreas nas quais o desenvolvimento ainda comparece como inspirador de políticas e guarda traços daquilo que na fase heroica iniciada em meados do século passado se apresentava como um "projeto", as exigências para ganhar clareza sobre o complexo de questões envolvidas só aumentam. Em ambos os casos, entretanto, o olhar necessariamente se volta para o futuro, para as reverberações no tempo das condições presentes.

A questão básica é: o que está em jogo quando se fala em desenvolvimento? Mais: quando se fala em desenvolvimento, hoje? É neste contexto que revela todo o seu significado a observação feita por Wolfgang Sachs em registro negativo: a de que o termo desenvolvimento não mais se refere a um conceito preciso, mas se diluiu num "modo de pensar". A persistir-se nessa linha de argumento talvez coubesse mesmo falar de ideologia, no sentido mais primário do termo. Até porque, junto com a perda de precisão analítica do conceito original, embotou-se aquilo que ele trazia de mais fecundo, o aguilhão crítico. Cabe, pois, recuperar essa grande ideia, ao dotá-la de conteúdo adequado às condições e desafios do tempo presente. Procurarei mostrar que esse conteúdo tem nome, que remete a outra grande ideia, que também reclama renovação. Seu nome é civilização. No novo mundo que se vai abrindo, desenvolvimento não pode ser referência restrita à dimensão econômica dos processos sociais. Deve ser pensado em toda a sua amplitude, como processo civilizador. Adiante-se, desde logo, que o termo civilização (que não por acaso é neste passo substituído por processo civilizador, expressão tosca, porém mais precisa) não está sendo evocada no seu sentido mais usual, de configuração histórica específica apta a comparações e periodizações, tipo "civilização moderna". Refere-se mais propriamente a um modo historicamente determinado de condução da vida social. Nesses termos, também vai muito além das boas maneiras e das formas da sua aquisição. Menos ainda concerne, no melhor estilo conservador, a meras destrezas e técnicas aprendidas, em contraste com a cultura singular que lhes conferiria significado. Nem mera etapa histórica, nem simples suavização dos costumes, nem repertório instrumental: é o cerne mesmo do esforço para tornar humana a vida social que está em pauta quando se fala em civilização, naquilo que diz respeito às condições e exigências do tempo presente e da construção do futuro.

Modo de pensar, pois. Nada contra isso, desde que reconstruído de uma perspectiva crítica, que permita, desde logo, examinar a plausibilidade de uma ideia básica. A saber, que essa trajetória conceitual já estava inscrita no conceito a partir do modo como ingressou no debate contemporâneo, quando sua visada se voltava inteiramente para a dimensão econômica. E isso só se acentuou quando em seguida assumiu novas configurações, sempre setoriais: desenvolvimento social, político, humano e assim por diante. Pois esses desdobramentos sempre se fizeram sob o império da concepção original, de matiz econômico. Cabe, neste ponto, lembrar que primeira referência histórica ao desenvolvimento com real efeito político e econômico foi feita em registro negativo. Quando levantou a questão, em discurso presidencial em 1949, o presidente norte-americano Trumann o fez em termos de ajuda às underdeveloped countries, eufemismo inventado para evitar referência direta às nações pobres, "vulneráveis ao apelo comunista", naquela fase inaugural da Guerra Fria. Por outro lado, a virada, em termos da exigência de consideração mais rigorosa e menos subordinada à ideologia dominante, na questão dos projetos de desenvolvimento estava em gestação, naquele exato momento, no interior da ONU. Tratava-se da Comissão Econômica para a América Latina, a Cepal presidida por Raúl Prebisch (que, com a atenção mais voltada para os fluxos econômicos internacionais de uma perspectiva crítica, ainda não usava essa terminologia).

A sugestão implícita no novo termo não passou sem deixar marcas, contudo. A ideia de que condições e desempenhos de desenvolvimento serviriam como instrumento de comparação entre nações se instalou. A rigor, entretanto, não cabe falar de nações mais ou menos desenvolvidas, exceto com referência a índices muito pontuais, como o de "desenvolvimento humano", IDH. Um argumento central que aqui se pretende sustentar é precisamente este, de que "desenvolvimento menor" não é referência comparativa entre sociedades. Só pode significar desenvolvimento abaixo do potencial efetivo no momento dado, com estrita referência a uma configuração social dada. É categoria contextual, portanto, não comparativa. E é exatamente nisso que reside o componente crítico da ideia. A questão é: por que, na forma em que se apresenta a organização social, não realiza o seu potencial?

O processo de desenvolvimento não pode ser visto como subproduto ou resultado linear do processo de crescimento. Na realidade, o que se sustenta aqui é uma inversão dessa ótica. Desta forma, o crescimento só faz sentido na perspectiva do desenvolvimento visto como processo social e não restrito à disponibilidade de produtos e serviços. Naquilo que nos importa neste passo do argumento, a distinção mais importante entre a dimensão do crescimento e a do desenvolvimento diz respeito à natureza das intervenções que uma e outra suscitam. No primeiro caso prevalecem os princípios da eficiência e da rapidez de resposta; no segundo, em contraste decisivo, prevalecem a deliberação e a reflexibilidade. Um é da ordem da administração das pessoas e das coisas. O outro concerne à política, às relações de poder e à sua legitimidade. E não a qualquer forma política: na concepção aqui adotada, desenvolvimento é incompatível com decisões autocráticas, só pode ter índole democrática. De outro modo repete-se, de algum modo, a tragédia da acumulação primitiva dirigida, da qual serve de exemplo extremo o regime stalinista.

Para além dessa distinção básica, já nisso fica patente a importância da dimensão temporal nessas modalidades de processos. É que eles são regidos por temporalidades diferentes. No caso do desenvolvimento, isso se traduz em um complexo de temporalidades internas diferenciadas. Basta comparar o ritmo das intervenções em processos econômicos de curto prazo e em programas educacionais, que nunca são de curto prazo. Os enlaces entre estruturas temporais, que sempre transcendem os limites da biografia humana e, contudo, no final concernem a ela, e a organização e exercício do poder figuram entre o que há de mais relevante no problema do desenvolvimento. Talvez a sua caracterização final seja um pouco abrupta, mas merece registro a observação do economista francês Jacques Austruy (ligado ao grupo do padre Debret, no seu livro *Le Scandale du Développement,* de 1965) de que "o sujeito econômico participa de numerosas temporalidades, das quais nenhuma corresponde rigorosamente à duração objetiva da sua vida. E são essas temporalidades que determinam a racionalidade econômica das suas decisões: enquanto microunidade isolada, enquanto elemento de um conjunto econômico social portador de um projeto, e concretamente enquanto sujeito econômico real que combina esses dois tipos de cálculo pela reciprocidade de perspectivas. Ora, esses diversos tipos de cálculos e sua combinação no interior do homem real estão, fundamentalmente, nas mãos do poder, na medida na qual este é o *senhor do tempo*". Essa última expressão é sublinhada pelo autor, e suscita a questão, ainda mais pungente meio século depois quando se fala de temporalidades, sobre a natureza desse poder.

Naquilo que tem de mais fundo a concepção ampliada de desenvolvimento remete, quando liberada de sua referência meramente nacional, a questões muito difíceis e de longo alcance, como a da emancipação em registro cosmopolita. Isso, claro, diz respeito a uma concepção que não se limita a alguma modalidade técnica de planejamento e que leva a sério sua dimensão política. Explicita-se, por essa via, a índole crítica que lhe é inerente e que reclama presença em quaisquer programas, mesmo quando sua cabal realização se projeta no horizonte. Até porque tudo aquilo de que se está tratando aqui só pode ser visto numa ótica de longo prazo, secular mesmo; e por isso mesmo requer início imediato. Posto isso, torna-se possível enunciar uma questão central no tratamento do tema que aqui se propõe. É que a principal fonte de gradativo empobrecimento da ideia de desenvolvimento, quando a referência é social no sentido mais abrangente (que engloba a economia), consiste em tratá-la em termos setoriais, com a atenção voltada para questões tópicas relativas a intervenções pontuais. Subjacente a esse tipo de tratamento está a noção de que o desenvolvimento no sentido pleno se obtém mediante alguma modalidade de agregação de processos setoriais. Ocorre que o desenvolvimento é um processo não linear e, sobretudo, não aditivo com relação às suas dimensões componentes. Seu caráter complexo e multidimensional deve ser levado a sério; e ele se aplica a cada uma das "partes" ou setores em que venha ser dividido, em termos analíticos ou programáticos. Isso significa, desde logo, que o desenvolvimento ocorre não apenas no conjunto mais abrangente (uma sociedade, uma Estado nacional etc.), mas incide sobre cada uma das suas partes ou dimensões envolvidas; e isso conforme padrões e temporalidades específicas, embora sujeitas todas ao processo maior.

É nesse ponto que reside a diferença, acentuada desde os debates que opuseram economistas mainstream e estruturalistas, entre desenvolvimento e crescimento. Enquanto crescimento (em qualquer nível) pode ser visto como trajetória incremental, como adição, aumento ou aceleração, a ideia de desenvolvimento faz alusão, no próprio termo, a algo diverso. Em vários idiomas (development, entwicklung) a ideia envolvida é a de des-envolvimento. Trata-se, nesses termos, da concepção de um processo de gradativo desenredar-se de algo como um núcleo que se vai desdobrando até a plena emergência do conjunto de elos e relações que pode conter. Nos estudos biológicos essa ideia, além de expressiva, não é especialmente problemática, porque há como escapar a uma concepção segundo a qual tudo já estava lá desde o início. Com referência a processos históricos, nada perde do seu caráter expressivo, mas exige especial atenção no trato. Isso, no mínimo, para evitar interpretações teleológicas, que supõem uma finalidade a ser atingida no processo, algo como uma meta ou objetivo final. Isso quando, se houver um desfecho, será por esgotamento da capacidade de relações em cada caso; até porque, a rigor, desenvolvimento é processo plural, há muitos, que se entrelaçam de múltiplos modos. Ou então, para evitar um entendimento meramente tautológico, como aquele que com frequência se apresenta na ideia congênere, de "modernização", quando esta acaba designando tudo aquilo que conduz à "modernidade". E tanto faz, no caso, se esta é pensada como estado dado ou como fim a ser atingido.

O ponto essencial, contudo, é bem preciso. É que, se no crescimento o que cresce é um objeto (um sistema produtivo, uma nação, uma sociedade), no desenvolvimento o que se desenvolve são múltiplas relações ou complexos de relações, internas e externas. Crescimento é questão de progressão, avanço ao longo de uma trajetória; desenvolvimento é da ordem dos ritmos, da pulsação, da emergência de formas no interior de um complexo organizado. Pertencem, em suma, a campos conceituais diferentes. Isso não significa que não haja entre essas duas ordens de fenômenos vínculos importantes, e sim que esses devem ser identificados e esclarecidos para que rendam o que podem render, nas análises e nas políticas, cada qual no seu campo. Desde logo se apresenta um corolário disso. É que sempre será em vão tentar obter desenvolvimento, no sentido pleno, a partir da junção de intervenções e políticas dirigidas a aspectos particulares, ou a partir do mero crescimento nessa ou naquela área ou mesmo no conjunto todo.

Esse ponto fundamental deriva da questão central do desenvolvimento, em qualquer campo, que é o da conexão e articulação entre as dimensões componentes de cada processo parcial envolvido. É a natureza dos enlaces que importa, tanto em termos analíticos quanto programáticos. Multiplicação de enlaces não é, por si mesma, sinal de desenvolvimento. Pode mesmo representar o oposto, no caso limite o enredamento (em sentido estrito isso cabe para as chamadas redes, que, não por acaso, primeiro se apresentaram como objeto de análise na gestão da comunicação e na administração de pessoas). Grupos mafiosos e regimes totalitários multiplicam, ao seu modo, os laços entre seus integrantes; mas são laços coercitivos, exatamente o oposto daqueles gerados em relações desenvolvidas. Laços em pequeno número, porém dotados da característica que mais importa no caso, que é a mobilidade advinda do seu caráter não coercitivo, sinalizam mais desenvolvimento do que densas redes nas quais os nós valem mais do que as relações motivadas pelos enlaces. A título de ilustração, seria como estender - com todas as dificuldades envolvidas na passagem ao complexo desse caso relativamente simples - ao campo do desenvolvimento como um todo um esforço análogo ao de Albert Hirschman com relação à estratégia do crescimento econômico, quando distinguia entre "forward and backward linkages". À parte, no entanto, a homenagem que assim se presta a pensador do desenvolvimento dos mais respeitáveis, não é o caso de buscar exemplo tão exótico. Podemos encontrar um importante passo no sentido da concepção que aqui se defende na ideia de Celso Furtado relativa ao papel da criatividade no processo de desenvolvimento.

FURTADO E A CRIATIVIDADE

Tomemos algumas passagens de obra só aparentemente secundária de Furtado, na realidade uma espécie de súmula do seu pensamento: *Criatividade e dependência na civilização industrial.* O ponto de partida, naquilo que tange ao nosso tema, soa convencional, quando ele vincula o desenvolvimento à geração de excedente e à acumulação. Entretanto, Furtado se recusa a subordinar o desenvolvimento à acumulação (ainda quando lhe sirva como "base"), e nunca perde de vista a diferença entre as lógicas que regem esses processos. Desde logo isso confere um tom crítico às suas formulações, como neste enunciado de síntese: "A acumulação é apenas o vetor que permite, mediante a inovação, introduzir as modificações no sistema de produção e nas estruturas sociais que chamamos de desenvolvimento". Isso pode ser lido como significando que a acumulação é, sim, a base para o desenvolvimento, no sentido estrito de condição para, e não de determinação (se for permitido valer-se, aqui, de termo emprestado ao marxismo). Pode ter efeito causal, mas não determina, não induz conteúdo nem imprime forma particular. Isso permite chamar atenção para a ausência de relação direta entre os dois processos. Povos com exíguo excedente e baixo nível de acumulação podem ter alto nível de sofisticação cultural e de tramas sociais (como a pesquisa etnológica seguidamente demonstra), assim como pode ocorrer relação inversa, quando um padrão de acumulação tem efeito dissolvente nas configurações sociais e culturais, a exemplo da imposição de relações de mercado na ex-URSS. É mérito de Furtado ter enxergado claramente que o problema começa na relação entre produção de excedente (um processo técnico-econômico), acumulação (um processo econômico-político) e desenvolvimento (um processo político-social). "Desenvolvimento é, portanto, um processo de recriação das relações sociais que se apoia na acumulação", prossegue Furtado. "Se a acumulação se transforma em um fim em si mesma (quando passa a constituir a base do sistema de dominação social) o processo de criação de novas relações sociais transforma-se em simples meios para alcançá-la. A inexorabilidade do progresso levando à desumanização do indivíduo na civilização industrial é um desdobramento desse processo histórico". À primeira vista essa concepção crítica é basicamente de natureza ética, fundada na distinção entre meios e fins, com ênfase nos fins. Veremos, adiante, que sua visada é mais específica. Neste momento cabe assinalar que não é apenas a reconstrução da lógica interna de cada processo que conduz a argumentação, mas, sobretudo, a percepção de que há algo de errado na "civilização industrial". O dado novo, e decisivo, consiste na orientação da análise por uma concepção abrangente, de "civilização" historicamente definida. Ganha toda sua força, com isso, a ideia, fundamental para nós, de que o desenvolvimento deve ser visto como um processo de criação de novas relações sociais, e não como mero desdobramento da acumulação.

Na realidade, a concepção de Furtado revela-se mais nuançada do que a mera recusa de relação linear entre acumulação e desenvolvimento ou a redução daquela a vetor de mudanças favoráveis ao desenvolvimento. Trata-se, para ele, de detectar e examinar tudo o que está implícito nos diversos níveis da realidade social envolvidos. Isso significa trazer à tona, pela via do tratamento do desenvolvimento na sua dimensão normativa, o "projeto social implícito na acumulação", que só se realiza no plano do desenvolvimento. Torna-se, assim, historicamente mais concreta a própria ideia de acumulação (ela própria impensável fora do processo capitalista, embora Furtado não dedique especial atenção a isso). Longe de ser inequívoca, ela incorpora aquilo que, em outra passagem, falando ainda da "emergência de um excedente", ele denomina "horizonte de opções", que se manifesta num "desafio à inventividade". Tal desafio é pensado em profundidade. Envolve ruptura, emergência do novo, inovação no sentido forte. É verdade que neste ponto a ênfase incide sobre a acumulação e o termo civilização é usado num registro basicamente descritivo, no máximo como caracterização de período histórico. Por outro lado, a e ideia de "desafio à inventividade" é das mais fecundas e, se for permitido algo próximo a um jogo de palavras, põe mais uma vez à mostra a inventiva de Furtado.

É possível retomar, por essa via, o enfoque normativo, ao conferir-lhe conteúdo específico: "Se se traduz aumento nos gastos de consumo e diversificação deste por elevação do nível de vida, reintroduz-se na e ideia de desenvolvimento o critério valorativo de progresso no bem-estar social". Isso significa que a dimensão normativa é intrínseca à ideia de desenvolvimento, não lhe é imposta por critérios de valor externos. É por isso que o argumento prossegue em termos que merecem citação: "Mas não se deve perder de vista que essa evolução do consumo é um subproduto do processo de reprodução das desigualdades sociais e exclui outras formas de elevação do nível de vida, concebíveis em função de outros projetos de transformação social. A percepção dessa problemática, a partir de uma consciência crítica fundada na prática do desenvolvimento, está por trás de grande parte dos movimentos políticos contemporâneos nos países em que mais avançou o processo de acumulação: as lutas contra a poluição, contra o desperdício de recursos não renováveis, a defesa do patrimônio cultural, a rejeição do consumismo. Esses movimentos têm em comum o fato de que pretendem explicitar um conjunto de fins, a partir de uma visão global da sociedade".

É nesses termos que aquilo que inicialmente se apresenta como uma concepção abstratamente valorativa se revela dotado de conteúdo muito preciso. "Nada é mais indicativo da canalização das forças criativas para os fins, na vida social, do que a existência da atividade política". E mais adiante, numa explicitação daquilo que tem em mente para falar de fins em registro político (no sentido mais "clássico" do termo, que Tocqueville retomaria como "arte da associação"): "Se criatividade é liberdade, em nossa época a única forma autêntica de liberdade que existe é a política". Neste ponto ganha expressão o modo como se associam, na argumentação de Furtado, a dimensão política e aquela das "forças criadoras", que se dissipam quando não encontram canais de efetivação. Nessa mesma linguagem, que evoca Durkheim, Furtado escreve: "Se os grupamentos humanos se empenharam por todas as partes para ter acesso a novo excedente é porque a vida social gera uma energia potencial cuja liberação requer meios adicionais. E na sua dupla dimensão de força geradora de novo excedente e impulso criador de novos valores culturais, esse processo liberador de energias humanas constitui a fonte última do que entendemos por desenvolvimento". Até porque "a civilização material engendrada pela industrialização não é outra coisa senão o conjunto das manifestações externas de um processo de criatividade cultural que abrange outras esferas da vida social".

Cabe lembrar, nesse contexto, que em registro temático semelhante e na mesma época o injustamente esquecido sociólogo paulista Luiz Pereira punha a questão em termos mais duros, com clara impostação marxista, mas nem por isso deixava de aproximar-se de Furtado nesse ponto. Após sustentar que não há como separar subdesenvolvimento de desenvolvimento como fases distintas, mas, pelo contrário, ambas deve ser vistas como formando processo unitário, de subdesenvolvimento-desenvolvimento, ele vai ao ponto, naquilo que aqui nos importa, nos seus *Ensaios de sociologia do desenvolvimento*: "A problematicidade do subdesenvolvimento é, em boa parte, a problematicidade do capitalismo como forma de vida". Temos, então, uma determinação histórica precisa: capitalismo. Como forma de vida, porém, o que abre amplos espaços para uma concepção mais densa e matizada do tema.

BRESSER PEREIRA E O PROGRESSO

Mais recentemente o tema foi retomado, após explorações anteriores suas, por Luiz Carlos Bresser Pereira, em texto sobre "desenvolvimento, progresso e crescimento econômico" no qual a dimensão política ganha especial realce. Isso é feito num registro peculiar, no qual Bresser insiste na associação entre desenvolvimento e progresso. Em meados do século XIX a e ideia de progresso converte-se na de desenvolvimento, "com forte viés econômico", sustenta. O viés econômico ele busca corrigir pela ênfase na política pelo ângulo dos objetivos perseguidos no desenvolvimento, enquanto retém a adesão "otimista" à ideia de progresso. Com isso, mantém a ótica nos fins sem deter-se nos meios, neste ponto com timbre semelhante ao de Furtado, sem, contudo, enveredar numa crítica à "civilização industrial", nem, muito menos, ao capitalismo. "Desenvolvimento ou progresso é o processo histórico pelo qual sociedades nacionais alcançam seus objetivos políticos de segurança, liberdade, melhora material, redução da injustiça social e proteção do meio ambiente", escreve ele, para assinalar a "gradativa consecução dos correspondentes direitos que as sociedades modernas definiram para elas mesmas como direitos humanos". Nesses termos, o progresso é visto como um ideal (mas, enfatiza ele, não como um mito), ao passo que o desenvolvimento se apresenta como um processo.

Importa, neste ponto, reter a posição de Bresser, segundo a qual estamos lidando com construções sociais. À "fantasia exata" da associação entre liberdade e criatividade em Furtado, Bresser opõe uma concepção que poderíamos definir como "construtivista". Sua atenção volta-se de preferência para os agentes e as instituições e não tanto para as grandes configurações históricas que preocupam Furtado. Prefere deter-se criticamente naquilo que denomina tecnoburocracia a examinar as perspectivas menos nítidas da "civilização industrial" ou mesmo do capitalismo. Importam-lhe mais (em termos analíticos, bem entendido, não por indiferença ética) as organizações do que os modos de vida que engendram ou aos quais são afins. Talvez isso possa ser visto pelo prisma daquilo que transparece da ocupação de ambos com o mundo da cultura. Enquanto Bresser dedicava atenção aos movimentos da contracultura e da contestação ao estado do mundo nos anos 1960 e 1970 e sempre se manteve ativo como crítico de cinema, Furtado dá sinais de ter-se concentrado mais na grande literatura e na música, como consumidor refinado.

Do lado do primeiro, a atenção ao que se vai fazendo, "em busca do novo" (para usar título de livro em sua homenagem), tudo em nome de quem constrói o quê e de qual modo. Do lado do segundo, o olhar agudo para a feição que assume todo um modo de vida, com foco no alcance e nos limites do que se faz e em como se pode fazer avançar a criatividade livre.

Embora próximas (até porque ambas contemplam a inovação como fator indispensável), são perspectivas diversas: enquanto a criatividade é suscitada por desafio das circunstâncias que exige inventiva de longo fôlego, a construção envolve o exercício sistemático de capacidade de promover melhora consistente nas condições de vida correntes. É claro que também pela angulação de Bresser Pereira a construção, quando se trata da sociedade, é mais do que montagem de peças e envolve intrincada tessitura de relações que se criam e recriam no processo. Nesses termos, e reintroduzindo Furtado, a criatividade envolve a nova disposição dos fios da trama, com base naquilo que a invenção (que, em termos mais restritos, se traduz na inovação) propicia, que é a introdução de novos fios, junto com novos dispositivos para tecê-los. Nesses termos, é ao cabo de um processo inventivo e criativo de desenvolvimento que se pode fazer justiça à formulação de Marx segundo a qual a sociedade (e cada membro seu) é o conjunto das suas relações.

FRANCISCO DE OLIVEIRA E MILTON SANTOS

Ambas linhas de reflexão, que se desenrolam no interior do grande pensamento burguês naquilo que este apresenta de melhor, expõem-se a contraste incisivo e mesmo contundente quando se consideram as análises de antigo colaborador muito próximo de Furtado. Colaborador próximo, sim, e genuíno admirador, mas separado dele (e muito mais de Bresser) pela posição básica a que se filia e que adota com radicalidade e vigor. Trata-se de Francisco de Oliveira, um dos grandes representantes, junto com figuras como Florestan Fernandes e Milton Santos, de uma concepção plebeia da natureza e das exigências da sociedade brasileira (em contraste, por exemplo, com a concepção patrícia de um Gilberto Freyre).

Em artigo bem característico da sua capacidade de levar os argumentos aos seus limites e que deu ensejo a importantes desdobramentos, "Privatização do público, destituição da fala e anulação da política: o totalitarismo neoliberal", Francisco de Oliveira (ou Chico de Oliveira ou simplesmente Chico, como passará a ser chamado aqui, num talvez perdoável abuso, motivado mais por afeto do que por irreverência), assinala como questão central na sociedade brasileira aquela relativa à blindagem que as elites burguesas opõem à constituição de uma esfera pública e, de modo geral, à própria emergência da figura do público, em contraste com o privado. Isso, sustenta ele, afeta diretamente a constituição do conjunto dos direitos sem os quais não há como falar de sociedade desenvolvida. Não se trata de contentar-se com identificar os direitos para os quais aponta o desenvolvimento. É preciso mostrar por onde corre o caminho – no caso, a esfera pública – por onde necessariamente passa sua constituição. Como bom analista de inspiração marxista, busca no mesmo passo caracterizar os obstáculos estruturais à sua efetivação, relativos à configuração das relações de classe. E o faz sempre com visada atenta para os descompassos e os conflitos que essa configuração promove e para as correspondentes vias alternativas para a intervenção.

A questão básica é a do fundamento da privatização do público, que para Chico não se resume em alguma modalidade de herança histórica, nem é efeito de condutas perversas desses ou daqueles agentes sociais. Trata-se, no melhor registro da análise da ideologia, de um modo de pensar e agir que traduz irrefletidamente as condições da sua produção social. Neste ponto ele faz uso imaginativo da grande descoberta de Marx no plano social e de Freud no plano individual, de que a experiência não precisa ser verdadeira para gerar efeitos, desde que a falsidade e a ilusão sejam necessárias à reprodução da estrutura dada. "A privatização do público é uma falsa consciência da desnecessidade do público", escreve ele. "Ela se objetiva pela chamada falência do Estado, pelo mecanismo da dívida pública interna, onde as formas aparentes são as de que o privado, as burguesias emprestam ao Estado: logo, o Estado, nessa aparência, somente se sustenta como uma extensão do privado. O processo real é o inverso: a riqueza pública, em forma de fundo, sustenta a reprodutibilidade do valor da riqueza, do capital privado. [...] A esse processo objetivo corresponde uma subjetivação da experiência burguesa no Brasil de hoje que é radicalmente antipública".

Naquilo que aqui mais importa o avanço analítico se encontra na última frase, na qual um processo objetivo que enlaça economia e política é associado a uma forma social de experiência. No plano mais fundo isso afeta a constituição daquilo que permite definir o sentido político do processo que aqui nos interessa, no qual se unem civilização e desenvolvimento. O essencial desse avanço consiste no modo como se examina a relação entre o público e o privado na sociedade brasileira. O argumento vai muito mais fundo do que a habitual referência a uma suposta confusão entre ambas as esferas (o que, no nível mais epidérmico, até pode ser sustentado). Busca-se demonstrar que para além disso há algo mais sério, compatível com os fundamentos estruturais aos quais alude a citação acima. É que na concepção difundida na nossa sociedade a referência àquilo que é público remete mais propriamente a objeto de apropriação, posse. Nela o espaço público figura como território ocupado ou a ocupar, mais do que como objeto de confusão de esferas ou mesmo de "colonização" - ou seja, de imposição de princípios de organização e funcionamento - de uma pela outra. Desse modo, Chico empresta a força da sua análise à crítica, intrínseca à posição aqui defendida, à concepção de público consoante critérios de propriedade, que atravessa de ponta a ponta nossa sociedade. Naquela concepção o que é público é "de todos", logo de ninguém, logo disponível para quem chegar primeiro. Em contraste com isso e em posição que não é estranha àquela adotada por Chico, sustenta-se aqui que, longe de ser matéria de posse, a coisa pública é orientação normativa (pois o termo "pública" qualifica a coisa) antes de relação com objeto. Em condições adequadamente entendidas como republicanas, os cidadãos orientam-se com relação ao público (de preferência ao privado, que igualmente qualifica a orientação) como fim e não como meio, para usar o contraste de Furtado, muito a propósito ao assinalar que o privado concerne ao âmbito dos meios. É nesses termos que ganham todo o seu sentido posições críticas como a de Milton Santos, no sentido de que "brasileiro não quer direitos, quer privilégio", ou o gracejo atribuído ao economista Edmar Bacha, de que o único partido político real no Brasil é o PQM, Partido do Quero o Meu. Ou ainda, num registro mais severo, o diagnóstico, por Hélio Jaguaribe, do caráter "cartorial" da sociedade brasileira. Se a essas qualificações for permitido adicionar mais uma, bem poderia ser a de que a sociedade brasileira está impregnada, nas suas instituições e nas modalidades de ação que induz nos seus integrantes (e mediante as quais se reproduz), por um estilo de *democracia senhorial*. O mérito de Chico, claro, consiste em não se deter na identificação ou na denúncia das insuficiências e em buscar os fundamentos estruturais do estado de coisas de que trata.

A análise de Chico desemboca em formulação de forte contundência, que poderá ter desconcertado muitos leitores. Após citar com aprovação o filósofo e jornalista liberal Rolf Kuntz, que em artigo havia qualificado o neoliberalismo como integrismo e fundamentalismo, conclui ele que "nas condições concretas da sociedade brasileira o neoliberalismo, como um Frankenstein construído de pedaços de social-democratas, antigos e novos oligarcas do Nordeste, populistas de direita, trânsfugas de esquerda [...] passa por uma estranha metamorfose: sua face real é o totalitarismo". Coerente com o modelo de análise que emprega, revela-se sempre atento, não à continuidade linear do mundo, mas às mudanças de forma, metamorfoses. E não só às metamorfoses, como também às condições objetivas que as geram; no caso, a configuração peculiar do neoliberalismo brasileiro. A forma final, a "face real" assumida nisso é que espanta: totalitarismo. Sabemos que esse termo na origem foi usado para caracterizar regimes políticos bem definidos historicamente, o nacional-socialismo de Hitler e o bolchevismo de Stalin. Também nos recordamos de que uma espécie de antecipação mais amena dessa forma extrema de sociedade autoritária de mobilização forçada já fora feita nos anos quarenta do século XIX por Tocqueville, na sua análise da democracia na América. Nesta, o problema do regime que divisava no horizonte como resultado da igualdade de condições democrática não era a exacerbada brutalidade e sim precisamente o seu caráter ameno, quase imperceptível, normal: o imenso poder tutelar que se estende sobre a sociedade toda e a penetra até nos espaços mais recônditos. A possível referência, no caso, claramente seria a esta segunda modalidade de regime, que vai eliminando sem maiores traumas o pensamento e as condutas que dele se desviem além de um certo ponto, que se move conforme as circunstâncias (ao contrário da tolerância zero dos totalitarismos consumados do século XX). É a gradativa absorção de todas as dimensões da vida por um padrão de pensamento e conduta que vai se tornando unitário. O exato oposto da vida social civilizada, portanto.

Há, contudo, um ponto especialmente intrigante na análise de Chico, que de algum modo evoca característica central dos regimes totalitários contemporâneos, como apontavam Hannah Arendt e, em outro registro, Franz Neumann com referência ao nacional-socialismo.

> Essa aparência levou a uma outra experiência, que é a da constante troca de posições no Estado e na empresa pri-

vada. [...] Essa promiscuidade como que atuou no sentido de borrar, subjetivamente, as barreiras e fronteiras entre o público e o privado, ou, mais radicalmente, atua no sentido de que tudo é privado: as pessoas funcionam como persona, não apenas em razão de um trânsito que baralha os papéis, mas porque a racionalidade das decisões é fundamentalmente privada. A introdução de critérios micro na racionalidade estatal a transforma, subliminarmente, em uma racionalidade privada. De par com o método de custos/benefícios passa-se, como mestre Weber ensinou, da razão substantiva para a razão instrumental: há uma ruptura para um outro paradigma, que passa a presidir as decisões do Estado. Assiste-se como que uma regressão do universal abstrato como processo que cria o Estado como 'comunidade ilusória' para o mero chão de interesses privados que, já agora, não se universalizam, já não têm, aparentemente, a necessidade de liberarem-se da sua forma de interesses privados, tal o nível de dominação, ou sobretudo da experiência subjetiva vivida pela burguesia.

A semelhança consistiria na contínua troca de posições de poder e influência entre o setor privado e o público. É aqui, aliás, que poderíamos localizar algo como uma "confusão entre o público e o privado". Mas não é este o ponto principal. Se no regime nazista, que nesse aspecto é o exemplo perfeito, a "promiscuidade", feita em nome de uma esfera pública reduzida a "povo" compacto e sem fissuras, gerava níveis intensos de competição e insegurança e resultava em fortalecimento de um poder central pessoal e despótico, no nosso caso resulta no incremento de formas de cumplicidade em um ambiente permissivo que não é gerado por concentração de poder, mas, pelo contrário, pela persistente diluição do polo público da relação. É essa espécie de regressão do conjunto da esfera pública para o campo privado que gera a peculiar modalidade de experiência burguesa (no caso: dominante) pela qual a deriva "totalitária" se torna possível nos termos mais amenos do "pensamento único" e condutas afins.

Referência semelhante ao totalitarismo encontra-se também em Milton Santos, no notável livro no qual busca uma "outra globalização". Após invocar outra obra que certamente merece ser revisitada, aquela *Crítica da razão dialética* na qual Sartre introduz a ideia de "serialização", Milton Santos, após apontar as condições nas quais se acumulam dificuldades "para o convívio saudável e para o exercício da democracia", reduzida esta a "democracia de mercado e amesquinhada como eleitoralismo, isto é, consumo de eleições", comenta que essas são "condições para a difusão de um pensamento e de uma prática totalitárias". Isso se dá "na esfera do trabalho como, por exemplo, num mundo agrícola onde atores subalternizados convivem, como um exército, submetidos a uma disciplina militar". Ou seja, encontram-se na situação de arregimentados, perturbadoramente semelhante àquela que se via em regimes de despotismo escancarado. Curiosamente nenhum desses dois autores faz referência a fenômenos fortemente afins ao tema, como a crescente difusão de um estilo de "novilíngua" que deixaria Orwell alarmado ou as formas cada vez mais cerradas de controle dos seus "colaboradores" (esse é o termo oficial) pelas grandes corporações privadas, aproximando-se de um novo regime servil em pleno capitalismo tecno-informático.

Diante disso, conclui Milton Santos "cabe-nos, mesmo, indagar diante dessas novas realidades sobre a pertinência da presente utilização de concepções já ultrapassadas de democracia, opinião pública, cidadania, conceitos que necessitam urgente revisão, sobretudo nos lugares onde essas categorias nunca foram claramente definidas nem totalmente exercitadas". Em outra passagem encontra-se observação que permite contextualizar, com vistas ao "paradigma da época" que é a velocidade, a afirmação de Jacques Austruy sobre o poder como senhor do tempo. Trata-se da questão do "relógio despótico". Seja qual for o corpo social, escreve, "a velocidade hegemônica constitui uma das suas características, mas a definição da realidade somente pode ser obtida considerando-se as diversas velocidades em presença". Poderia também escrever "múltiplas temporalidades", mas o essencial é que "a eficácia da velocidade hegemônica é de natureza política e depende do sistema socioeconômico político em ação". Impossível não ver em passagens como essas a impregnação do texto todo pela urgência de se repensar e refazer um modelo de processo civilizador marcado por uma ordem desordeira (a expressão não é dele) que promove o pior, a "ausência de compaixão" (mas esta, decisiva, é).

Por sua vez, Francisco de Oliveira, em outro texto, sobre "Democratização e republicanização do Estado", examina por ângulo diferente o complexo de problemas que busca enfrentar na sua forma limite. Ao fazê-lo matiza algumas das suas afirmações, para abrir espaço a outras, não menos incisivas. "Está em gestação uma sociedade de controle, que escapa aos rótulos simples do neoliberalismo e até mesmo ao mais radical e oposto de autoritarismo", escreve ele para circunscrever o tema. "Não parece autoritarismo, pois as escolhas por intermédio das eleições se oferecem periodicamente, embora o instinto do eleitor desconfie da irrelevância de seu voto. [...] Não é neoliberalismo porque raras vezes se viu controles estatais tão severos e 'intervenções' tão pesadas". Aqui, como em outros momentos (como veremos a seguir) fazem falta conceitos mais precisos, pois as ciências sociais só os oferecem de maneira aproximada. "A ciência social já havia advertido para o novo Leviatã, que não é o Estado, mas um controle à la Orwell e Huxley, uma presença ausente ou uma estrutura invisível, um Big Brother que panopticamente tudo olha e vigia". E, após lembrar a soma de micropoderes que, convertidos em macropoder, submetem até mesmo os governos mais poderosos, chega ao ponto central: "uma política sem política". É que "as tendências contracionistas e centralizadoras do capitalismo contemporâneo caminham na contramão da democracia e da república, principalmente como normatividade". Atente-se, neste passo, que o autor tem em vista concepções de democracia e república que não se esgotam no plano descritivo, mas alcançam dimensão normativa. Isso, contudo, não o conduz no rumo a uma concepção de índole ética ou valorativa do tema. Incide diretamente sobre um aprofundamento da dimensão propriamente política, relativa à orientação e condução dos desempenhos públicos e privados.

Tal percurso o leva, em outros passos da sua intervenção intelectual, a mais uma formulação inovadora, a da "hegemonia às avessas". Presenciamos, sustenta Chico, a emergência de fenômeno novo, que ainda desafia conceituação precisa. É que se invertem os termos do processo político fundamental detectado por Gramsci. Para este, na relação de dominantes e dominados numa ordem estatal importa, para além da dimensão coercitiva costumeiramente associada ao Estado, também a dimensão de "direção intelectual e moral" da sociedade, a cargo da classe que, por isso mesmo, é dirigente e não meramente dominante. Pois bem, constata Chico, o que vemos é uma curiosa inversão da relação. Em condições específicas, que identifica em um modo de governar e em políticas sociais no Brasil recente, para todos os efeitos a direção moral da sociedade passa a ser exercida pelos dominados. São os dominantes (os capitalistas, o capital, especifica ele) que consentem em ser politicamente conduzidos pelos dominados, com uma condição: a de que a "direção moral" não questione a forma de exploração capitalista. Direção moral de baixo, dominação efetiva de cima: algo como uma nova forma de dominação política. Na realidade, antipolítica, porque, ao assim dispor as coisas, os dominantes escapam ao ônus da legitimação e os descompassos e conflitos não logram ganhar corpo naquilo que importa, que é uma esfera pública ocupada por aquilo que Gramsci chamaria de classes fundamentais.

Em outro momento, como vimos, Chico recorre ao termo "totalitarismo" para caracterizar a forma de dominação inaugurada pelo neoliberalismo. Trata-se de dominação que se exerce pelo lado social antes do que institucional, como se tivesse alcançado plena vigência a intuição de Tocqueville acerca da sociedade norte-americana no segundo quartel do século XIX, na qual o Estado podia dispensar as formas autoritárias de controle porque esse já era exercido diretamente pela sociedade (por aquilo que século e meio depois se chamaria de "sociedade civil organizada" e não por quaisquer "massas"). Tocqueville e Arendt, dois autores inteiramente estranhos ao modo de pensar de Chico, davam alento àquela primeira aproximação do tema. Na tentativa que agora nos ocupa a referência é outra e a reaproximação com o ambiente marxista se cumpre, com Gramsci. O "pequeno sardo" comparece para desempenhar de maneira inversa o papel de Hegel em relação a Marx. Não que Chico tivesse posto sobre os pés um Gramsci que se sustentasse de ponta-cabeça. É o mundo (ou, pelo menos, a sua parte que decide sobre a sorte dos muitos) que está às avessas - fora dos gonzos, diria Hamlet tão bem estudado entre nós por Eduardo Rinesi em *Política e tragédia* - e é de novo Gramsci que oferece as condições para perceber isso. Bem vistas as coisas, porém, a imagem da inversão das relações talvez não exprima da melhor forma a intuição de Chico. Na realidade, a coisa vai mais fundo. Como ele mesmo demonstra, o que está em jogo não é simples inversão, mas uma peculiar reiteração do consentimento, que leva mais água ao moinho das classes dominantes. O essencial no exercício da hegemonia é o consentimento. Os dominados consentem, os dominantes conduzem. A inversão dessa relação, no caso analisado por Chico, com todas as referências às condições estruturais envolvidas, não é linear. Os dominantes consentem, sim, na transferência da direção, ou do ônus da direção. Como dominantes, porém. São eles que consentem em transferir a direção moral. Contudo, nas condições e com as restrições que estabelecem. Não houve simples inversão, sequer transferência do consentimento. Houve, sim, reiteração do consentimento, consentimento ao quadrado, hegemonia consentida, na qual os dominantes reproduzem e reforçam sua condição.

Se na caracterização da índole totalitária do neoliberalismo um tema central era a "destituição da fala" (da fala como expressão do dissenso e resistência à homogeneização, como figura medular da política na sua encarnação pública), agora é a fala esvaziada, porque provém de um não lugar, que absorve a atenção de Chico. Por trás disso tudo, dois adversários sempre presentes: o peso de uma configuração social marcada por uma etapa do capitalismo que leva a extremos o impulso a homogeneizar as relações ao torná-las lineares e entregá-las a agentes sociais indiferenciados, junto com a divisão do mundo em dois grupos, os que contam e os indiferentes. Temos aí um retrato de tudo aquilo que conspira contra o desenvolvimento e contra sua face civilizadora. Isso, desde que admitamos o essencial naquilo que se busca sustentar aqui, a saber: que a ideia de desenvolvimento não pode ser reduzida a conceito meramente descritivo de um estado de coisas, mas aponta para objetivo a ser perseguido. Isso significa que a referência a desenvolvimento, ou a carência dele, configura um princípio de avaliação de formas de organização e de políticas mais do que um esquema de exposição e análise de processos em curso. É também nesse sentido que tem escasso sentido a posição "desenvolvimentista", salvo como exigência de que haja de fato desenvolvimento, mais qualificador que aditivo.

O desenvolvimento necessariamente passa pela qualificação das relações entre grupos e entre indivíduos na sociedade. Daí sua íntima afinidade com civilização. Daí também que seu oposto não seja algo como estagnação econômica ou baixa eficácia de instituições políticas. O seu campo é o das relações de todo tipo e ordem, desde que sociais. Cumpre, aqui, entender este termo também na sua dimensão crítica (como exigência no horizonte mais do que identificação de estado de coisas): a de laços entre pessoas iguais e livres. Os alemães, que com Tönnies inventaram o contraste entre comunidade, Gemeinschaft, e sociedade, Gesellschaft, esqueceram-se de que o segundo termo, referente à sociedade, compartilha suas raízes com Geselle: igual, companheiro (enquanto o primeiro vem de comum, compartilhado). Daí que, na sua concepção mais funda e só vislumbrável por empenho crítico, sociedade é afim à democracia, entendida não meramente como regime de poder, e sim como empenho compartilhado na universalização de relações igualitárias.

FLORESTAN FERNANDES E A VISÃO AMPLIADA

"Desenvolvimento não é um 'problema econômico', e tampouco um 'problema social', um 'problema cultural', um 'problema político' etc. Ele possui o caráter de problema macrossociológico, que afeta toda a organização da economia, da sociedade e da cultura e que diz respeito, essencialmente, a todo o 'destino nacional', a curto ou a longo prazo". O registro é semelhante, porém o autor é outro. É Florestan Fernandes que assim se pronuncia, ao tratar do "desenvolvimento como problema nacional" (na importante coleção de ensaios *Sociedade de classes e subdesenvolvimento*, que nos servirá de referência aqui), ao discutir aquilo que denomina, com aspas, "destino histórico". A ênfase incide no duplo caráter das mudanças a serem feitas na sociedade brasileira, na sua condição de nação envolvida em redes de dependência. Trata-se de articular processos externos e internos à sociedade, com vistas à autonomia e à independência. Internamente, trata-se de enfrentar os dilemas (o termo é típico de Florestan) da revolução burguesa no Brasil. Nessa ótica, o desenvolvimento continua a ser caracterizado em registro negativo, como carência, subdesenvolvimento. Contudo, isso não se reduz a para mera descrição de estado de coisas. Remete ao problema das relações de dependência, vistas pela ótica de um processo histórico interno fundamental: a revolução burguesa (com o que ganha inteiro sentido a associação, já no título do livro, entre subdesenvolvimento e sociedade de classes). Tal revolução tem limites bem definidos. "Ela não leva a uma crescente autonomização econômica, mas ao tipo mais complexo, sutil e completo de dependência econômica que já pesou sobre o destino desta nação". Essa constatação lhe serve para caracterizar, na sua expressão limite, a tarefa que cabe àquela revolução burguesa. Tarefa mal cumprida, é verdade; mas, como escreve em outro texto, sobre a revolução burguesa e os intelectuais, "essa débil revolução burguesa constitui, por enquanto, o único processo dinâmico e irreversível que abre algumas alternativas históricas". Pode-se, apesar de tudo, "reconhecer que ela possui um sentido histórico criador". O essencial, contudo, consiste em que "ela e o capitalismo só conduzem a uma verdadeira independência econômica, social e cultural quando, atrás da industrialização e do crescimento econômico, exista uma vontade nacional que se afirme coletivamente por meios políticos, e tome por seu objetivo supremo a construção de uma sociedade nacional autônoma". Falta, porém avançar na construção dessa vontade afirmada por meios políticos. Pois é esta condição que importa: trata-se de instaurar uma "sociedade econômica, social e politicamente democrática". A exigência não se esgota no plano da construção e implementação de instituições (Florestan costuma falar, sem muitas concessões, em "técnicas de organização do poder") representativas e vinculadas a direitos básicos. Quando trata do desenvolvimento como "problema nacional", ele insiste na exigência daquilo que denomina "querer coletivo". E este depende, por sua vez, da "democratização da renda, do prestígio social e do poder", que lhe oferece os fundamentos para um "consenso democrático". Sem este consenso não haveria como "alimentar imagens do 'destino nacional' que possam ser aceitas e defendidas por todos, por possuírem o mesmo significado e a mesma importância para todos". Se neste ponto for permitida uma observação demasiado sumária e injusta com todos os envolvidos, estranha trajetória intelectual essa que se cumpre nessas passagens, nas quais ressoam, sem adesão embora, nomes tão díspares como o do porta-voz da "revolução da direita" alemã nos anos 1930, Hans Freyer na referência ao "querer coletivo", junto com o teórico da planificação democrática e grande inspirador de Florestan, de Furtado e de tantos outros no Brasil e na América Latina, Karl Mannheim (conterrâneo, contemporâneo e contrapartida sociológica de Karl Polanyi) na exigência da democracia, para desembocar numa espécie de antecipação de Habermas na busca do consenso, passando pelas ressonâncias weberianas do "destino nacional".

O essencial nisso tudo é bastante claro. Estamos diante de uma concepção de desenvolvimento com algo grau de diferenciação interna e pensada em vários níveis. Isso permite a Florestan atingir uma formulação verdadeiramente notável no tocante à democracia como exigência básica do processo todo. O que se encontra na base do encaminhamento da solução para esse problema histórico? A vontade de elites autocraticamente imposta? Governos e partidos dotados de legitimidade? Algo mais fundo é necessário, sugere Florestan. E, em momento decisivo da fala aqui citada (pois o texto se destinava a discurso de paraninfo na USP, em 1964) sobre a revolução brasileira e as tarefas dos intelectuais (que "devem fazer da instauração da democracia o seu grande objetivo histórico") ele propõe a exigência da "consolidação do estilo democrático de vida". Em outra passagem, das várias nas quais essa expressão decisiva aparece, ele a define esse estilo de vida como envolvendo, além das dimensões econômicas e política, aquela que interessa aqui, a "societária". Talvez tenhamos mesmo que reconhecer que Florestan não tinha isso em vista com toda a clareza quando empregava a expressão, mas o que nela se invoca é efetivamente democracia como estilo de vida, como modo de viver em todas as dimensões da existência socialmente compartilhada. Sugere-se, nisso, a questão fundamental, da intrincada e sutil rede de relações entre democracia (seria melhor, em analogia a "processo civilizador", falar em "processo democrático") e determinado modo social de configuração da vida, que lhe dá alento. Fiel à sua linguagem própria, Florestan, se perguntado, provavelmente traduziria isso como uma específica "técnica de organização da existência social". Ganharia, talvez, em precisão, mas perderia muito em caráter expressivo. Estilo democrático de vida é um achado, vai ao cerne da questão.

Como sempre em Florestan, a referência mais funda é a algo mais do que exigências estruturais como papéis e funções. Esses dois conceitos elementares ocupam posições de relevo em seu pensamento. Numa acepção muito peculiar, porém: importa que estejam "saturadas" com motivações regulares mediante conteúdos dinamizados por "impulsões". É nesses termos que ele se refere às "impulsões igualitárias e de defesa de um estilo democrático de vida" e atribui à democracia um "estado de equidade social que confere a cada cidadão o dever de solidariedade para com os demais e o direito de exprimir essa solidariedade de acordo com as determinações de sua própria consciência cívica". E é no mesmo espírito que ele enuncia uma intuição básica, ao tratar da revolução burguesa. À democracia, sustenta ele, para além de ser exigência básica daquela revolução compete também servir-lhe de "freio", pois, deixada só e sem peias, ela tende a reproduzir e mesmo ampliar as distorções e iniquidades da sociedade de cunho tradicional. Curiosa formulação, que o coloca nas cercanias da teoria crítica da sociedade, pela qual jamais manifestou simpatia (Florestan e Walter Benjamin, eis dupla difícil de imaginar); mas de novo o aproxima da concepção "civilizadora" do desenvolvimento e da democracia que aqui importa frisar. Cabe aqui retomar tema já evocado com referência a Francisco de Oliveira, em que desponta um aspecto pouco saliente e, contudo, dos mais característicos do pensamento de índole plebeia de Florestan. É que ele, embora não usasse o termo que aqui se usa e talvez nem se desse conta disso, pensava a democracia e, mais fundo, o estilo de vida democrático em exata contraposição àquilo que intuía ser o caráter de grande parte da conduta corrente na sociedade brasileira. Pois muito do que nela se apresenta como conduta democrática em estado puro não passa daquilo que aqui vem sendo denominado democracia senhorial, igualdade "para inglês ver", retomada contínua do jogo de faz de conta que permeia a sociedade, pálido verniz que não resiste ao menor atrito.

DESENVOLVIMENTO E CIVILIZAÇÃO

Se o conceito de desenvolvimento (assim como, a rigor, também os de civilização e democracia) retira seu sentido da condição de princípio de avaliação de processos e políticas, permanece a questão dos critérios aos quais se pode recorrer em seu nome para avaliar situações dadas. No caso do princípio democrático a tarefa está bem definida, pois existe valor fundante muito claro, a igualdade. No caso daquilo que, por analogia, caberia designar como princípio civilizador, a resposta é bem menos precisa, mas certamente envolve a referência ao empenho na universalização do respeito mútuo nas relações. Naquilo que concerne ao que caberia chamar de princípio do desenvolvimento, a resposta não pode ser unívoca. Deve-se isso ao caráter contextual dos processos em jogo, que requerem o confronto entre as potencialidades e capacidades presentes em cada caso e a sua efetiva realização. O termo que mais se aproxima de resposta a essa questão é qualidade de vida, admitindo-se, contudo, que essa referência não é universalizável sem mais, sendo ela própria de natureza contextual. O essencial a reter, contudo, é que, se a civilização se refere à qualificação de laços sociais, o desenvolvimento concerne à multiplicação de relações. Há nisso, entretanto, uma dimensão seletiva. Não se trata de mera expansão linear. Mais propriamente, concerne à intensidade, vibrante em muitos registros, obtida mediante relações inspiradas por princípios outros que não a coerção e a posse. Essa vibração não é monótona e nada tem de rígida: traz o timbre da mobilidade, sem a qual perde conteúdo a liberdade. Implícito nisso tudo, traz, como consequência importante que exigiria exploração à parte, o requisito de uma concepção robusta de cidadania. Uma concepção democrática para além de liberal, que não se detenha na atribuição de direitos aos seus portadores e incorpore formas sofisticadas de exercício reflexivo da deliberação e da participação. Do contrário abre-se o caminho para repetir-se, nesse plano, algo análogo à torção que o mundo moderno impôs à constituição da vontade coletiva, ao convertê-la em exercício de preferências individuais. Pois isso significaria, no limite, assimilar a dimensão dos direitos à dos interesses, introduzindo por esse ângulo a consideração dos direitos de modo análogo ao que efetivamente se dá entre nós na esfera pública: como aquisições, objetos de posse a serem disputados como bens escassos e brandidos contra outrem.

Sem dúvida é um elenco de exigências severas e pouco realistas no curto prazo esse que aqui se apresenta. Ocorre a tentação de invocar Keynes. Afinal, ele poderá ser contestado em muitos pontos, menos na sua afirmação de que no longo prazo estaremos todos mortos. Outros, porém, estarão aqui, e sempre é boa hora para reservar para eles coisa melhor do que a mera aceleração do crescimento econômico, para não falar na regressão social e cultural. Fica, no entanto, a constatação básica de que tudo aquilo de que aqui se trata diz respeito a um tempo que transcende o presente imediato e mesmo o futuro próximo. Sua escala é histórica, secular mesmo, razão pela qual importa começar já. Devo lembrar aqui o relato sobre o inglês empolgado pela ideia de plantar árvore amazônica e que, advertido de que ela levaria um século para crescer, conclui "então é melhor plantar logo"?

A sociedade democrática é mais igualitária; a sociedade civilizada é mais respeitosa; e a sociedade desenvolvida é mais intensa e mais diversificada na trama de relações que põem pessoas e grupos em contato. A referência ao por em contato não é de somenos neste ponto. Pois esse é o modo de superar o império dessa categoria decisiva no mundo moderno que é o interesse. Vale dizer, aquilo que literalmente se interpõe, separa, gera dissídio enquanto oculta a raiz dos conflitos reais e paralisa a formação conjunta da vontade, que se projeta no porvir e busca objetivos compartilhados. É nessa primazia da ligação móvel sobre a interposição rígida que consiste a indispensável contribuição do desenvolvimento para a realização conjunta dos três princípios.

A AVENTURA

Conclui-se que, se antes foi assinalado o caráter contextual do desenvolvimento como critério de avaliação e como processo efetivo, agora cabe afirmar que, se ele certamente merece atenção na sua especificidade, por sua vez não pode ser pensado isoladamente. Só ganha pleno sentido quando associado aos outros dois integrantes da constelação que integra: civilização e democracia. Juntos (nas suas relações, pois; até neste ponto se intromete o tema central que nos ocupa), esses conceitos, pensados a sério, permitem cobrar do mundo algo essencial. Pela via da atenção à intensidade, à mobilidade e à qualidade dos enlaces, estão aptos a exigir a realização daquilo que, na fase atual do capitalismo dominante, é o mais difícil: a liberação, em todos os ambientes sociais, da sombra que os oprime, a das múltiplas formas de posse, de permutabilidade, de indiferença enfim. A grande tarefa, pois, é nada menos do que a da construção continuada, inventiva, nunca acabada, da sociedade (formulação que evoca a figura ímpar no pensamento político latino-americano de Norbert Lechner, que preferiria dizer de "ordem desejada"). Nisso reside o sentido profundo da ideia e da prática do desenvolvimento.

A DIFÍCIL REPÚBLICA

Instituições republicanas e condutas civis animadas por políticas igualmente republicanas estão entre o que de mais difícil se pode exigir em uma sociedade. Nas observações apresentadas a seguir o significado emprestado ao termo concerne a determinado modo de vida de uma sociedade. A ênfase incide sobre uma orientação imprimida às condutas em todas os âmbitos da vida social, que tende a desembocar em um determinado tipo de instituições e a ser consolidado por elas. Qual tipo? Aqui entramos no ponto nevrálgico. Condutas, posições e instituições republicanas articulam-se em torno de um eixo, indicado pelo nome que as identifica: o público. Está em jogo aquilo que qualifica a "coisa pública". Se olharmos melhor, verificaremos que essa "coisa" é mais propriamente um tema, uma referência normativa. Mais precisamente, é objeto de atenção generalizada, e só nesse cenário é de fato coisa objetiva, algo que não se coloca para cada um isoladamente e sim para todos. Não se reduz, pois, a forma de governo nem a mera somatória de direitos individuais, como tende a compreende-la sua variante liberal. Não é estoque e sim fluxo, que se torna ativo ao penetrar nas relações sociais no interior de um povo e lhes propiciar orientações nos assuntos atinentes ao conjunto.

Cabe mesmo falar neste contexto em forma de vida, relativa a um ethos republicano. Talvez alguns preferissem falar em republicanismo. Isso, porém, envolve o pressuposto de uma doutrina específica, quando se trata mais propriamente de atitude, de modo de orientação da conduta. Cabe aqui perfeitamente a expressão adotada em outro contexto por Cícero Araújo (que, junto com Newton Bignotto e seus colegas de estudo do tema, presentes no livro *Pensar a república* comentado no adendo, tem contribuições importantes ao nosso tema, em especial no que tange à dimensão institucional da "forma da república") ao evocar o tema setecentista da "sensibilidade", concebida como peculiar dimensão subjetiva relativa aos sentimentos morais mediante o peculiar movimento de aproximação do outro na "simpatia", nos termos de Adam Smith. Naquilo que aqui importa ela tem foco definido, dirigido exatamente para a dimensão pública da vida social. O contraste mais flagrante com isso é a posição individualista liberal, que tem foco sim, porém dirigido ao interesse de cada qual. Por um lado, ênfase naquilo que une, com risco de enredar os projetos de vida privados numa rede opressiva de exigências do conjunto. Pelo outro, ênfase naquilo que se interpõe e separa (o inter-esse), em nome da liberdade individual, embora com o risco de manter a vida social rente à "guerra de todos contra todos", que no pensamento político original dessa tendência só era superável mediante contrato generalizado. Não por acaso uma ideia central na posição republicana é aquela de constituição, em todos os seus significados, ao passo que no cerne da posição liberal encontra-se a de direitos. Em um caso, construção conjunta da armação de direitos e compromissos, mesmo que ela venha a se revelar angustiante; em outro, exercício de direitos em defesa da integridade de cada qual, mesmo que à custa de cultivar forma de vida autocentrada.

Tudo isso sugere uma disjuntiva, entre participação versus direitos. Basta exprimi-la, contudo, para perceber que ela, na medida em que ocorre, refere-se ao plano estritamente institucional da vida social e mesmo assim somente de modo matizado em contornos porosos. Nas presentes considerações a atenção incide sobre o âmbito mais amplo e diferenciado de todos, para além da vida política com suas instituições e procedimentos específicos e com o olhar voltado para traços nem sempre nítidos da vida social. Essencial, na perspectiva aqui adotada, é que para se fazer plena justiça ao termo "república" é preciso ir além da referência a forma de governo ou a complexo institucional. Trata-se de pensar a república como um estilo de sociedade mais do que mera associação, como um exercício de capacidades cidadãs que atravessa a vida social de ponta a ponta. Retrocedendo em relação à sua versão no mundo romano, que viria a se converter na concepção dominante do tema até a época moderna, seria o caso de lembrar que em Aristóteles a definição dos traços básicos da polis conferia relevo à conjugação entre *constituição* e *deliberação*, e nisso oferecia a base para uma concepção do modo de ser da polis que, associada ao tema grego da *excelência*, que em Roma assumiria a forma da *virtude*, desenha todos os traços de origem da concepção moderna.

A referência a capacidades e a qualidades potenciais não é acidental. Na concepção antiga ela definia a marca da qualificação varonil para aquela participação, em um mundo que pertencia aos varões. Na perspectiva moderna torna-se possível entende-la no sentido inverso, como capacidade mais do que marca de distinção. Isso remete à concepção liberal, que associa a república a uma ordenação legal dada e a partir disso concebe o cidadão como portador de direitos inalienáveis assegurados por ela. A concepção republicana coloca mais peso no processo de constituição da ordem pelos seus participantes do que no usufruto dela já constituída, com o que paradoxalmente dá mais ênfase à agência do que a liberal.

Manifesta-se nesse ponto a diferença entre o partícipe estritamente individual de uma ordem social com caráter privado, com a qual seu compromisso básico é o da garantia da liberdade que o afeta diretamente como cidadão livre por um lado e, pelo outro, o compromisso básico de mobilizar a agência individual para a tarefa coletiva da instauração de uma ordem republicana de caráter público. Como pano de fundo encontra-se a questão do empenho e da capacidade de cada ordem para promover a autonomia para além da estrita liberdade, com vistas à valorização plena da condição cidadã. Neste ponto ocorre mencionar uma referência, talvez plausível e certamente instigante, acerca de uma espécie de contaminação etimológica ainda quando remota, conforme sugere ninguém menos do que o linguista Émile Benveniste. Consiste ela em que o termo público guardaria na origem afinidades ao latim pubes (de onde, pelos pubianos) que, de modo figurado, remete à maioridade, à condição adulta (masculina), com pleno acesso aos direitos e deveres da cidadania. Isso suscita a questão crucial da emancipação. Kant estava atento a isso, e ofereceu os meios para associar diretamente república como contrapartida política do iluminismo à maioridade, à emancipação e, por essa via, à autonomia.

Entendida nesses termos amplos, a república representa aquele avanço no cerne político da vida social dado pelo acesso a todos (a todos os qualificados, "cidadãos") àquilo que concerne a esses mesmos todos, livres das constrições particularistas. Isso, todavia, envolve exigências severas naquilo que tange às formas de convivência, de deliberação e de exercício legítimo do poder. Será difícil encontrar sociedades aptas a satisfaze-las plenamente, e a brasileira certamente está ainda bem distante disso. Tal condição merece exame minimamente atento.

Não faltam análises do curso histórico e das condições presentes na sociedade brasileira que se esmeram em registrar suas deficiências, não somente no campo da cultura política quanto naquilo que apresenta como padrão civilizatório abrangente. Praticamente todas as obras de maior relevo dedicadas à interpretação do Brasil detêm-se de algum modo nesse ponto. Dificilmente se poderá escapar de buscar na reconstrução do curso histórico a possibilidade de nomear e explicar essa coisa que "não é para principiante", na frase célebre de Tom Jobim. Igualmente difícil é não surpreender nisso uma armadilha historicista, a confusão entre a busca de origens e a busca de causas. A principal candidata é, de longe, a herança escravista, que opera como tradição no sentido mais fundo do termo, como aquilo que trazemos, que arrastamos conosco ao longo do tempo e que, sempre em segundo plano, marca a cadência e a direção de nossos passos. O relevo daquela circunstância histórica é inegável, por mais que, ao concentrar-se a atenção nela corra-se o risco de perder de vista outros aspectos altamente marcantes, embora silenciados. Certamente o principal deles consiste no fato de que vivemos numa sociedade edificada sobre o genocídio de populações autóctones. Não faltará, de resto, quem sustente com bons argumentos que a persistente indiferença diante da agressão letal aos integrantes mais desvalidos da sociedade traz o timbre dessa herança histórica. A expressão "traz o timbre" é intencional. Visa marcar que o importante na consideração do passado não é buscar nele causas de traços presentes ou meras persistências de concepções e condutas, mas sim escavar camada por camada os depósitos significativos que, combinados entre si, vão constituindo a fisionomia de uma sociedade. Tarefa difícil, que requer, além da atenção às formações e estruturas do geólogo ou ao golpe de vista preciso aos menores detalhes do arqueólogo, algo como a habilidade do musicólogo para detectar padrões e regras em linhas significativas que se cruzam de maneiras sutis. Isso com a vantagem de nesse último caso se fazer justiça ao caráter de processo mais do que de estrutura dessas formações.

Para avançar no tema talvez convenha descrever de modo sumário alguns traços relevantes da composição daquilo que designamos antes por cultura política no caso que nos interessa, o brasileiro. Antes, convém adiantar a interpretação do conceito de cultura política, bastante impreciso de resto, naquilo que importa à presente argumentação. Ele é aqui entendido, com referência particular às condições brasileiras, como modo de ser cidadão, tal como é historicamente constituído e socialmente reproduzido.

PERSISTENTE ENIGMA

Adotando-se formulação sumária de um complexo temático a ser melhor explorado, é possível em primeira aproximação afirmar-se que a sociedade em vias de composição no Brasil exibe uma amálgama de relações sociais tênues com instituições porosas, compondo uma situação na qual o impulso básico para estabelecer e manter relações é o faz de conta, a simulação da ordem. Isso numa sociedade apta a adotar sem reservas a sinistra expressão "para inglês ver", quando na origem ela se refere à "limpeza" do navio negreiro mediante o arremesso dos africanos ao mar sempre que nave inglesa comprometida com o combate à escravatura se aproximava. Isso não significa, contudo, incremento de graus de liberdade para os cidadãos. Pelo contrário, abre espaço para o exercício rotineiro de práticas autoritárias, abertas ou ocultas pelo manto de que "tudo está bem quando parece bem", num jogo em que a repressão emerge como simulação. Isso aponta para algo como uma caricatura da polis (e, por extensão, da política), na qual uns iguais mandam hoje, outros iguais mandarão amanhã e os desiguais não mandarão nunca.

Isso tudo tem como pano de fundo a dificuldade de lidar com o problema dos limites. Afinal, autoritário é quem não reconhece limites para si e com tanto maior empenho os impõe a outros, alguém incapaz de distinguir entre renúncia e privação. Entretanto, a capacidade de estabelecer limites aceitáveis de ação para todos, incluindo a si próprio, está na própria essência da convivência civilizada, vale dizer daquela que se realiza no espaço público. Aqui as questões se atropelam: quais limites, quem os estabelece, para quem, em nome de que. Independente das necessárias respostas pontuais em cada caso, o problema de fundo envolvido invoca a exigência fundamental que vimos acima. Trata-se, pelo menos desde Rousseau e passando por Kant, a de autonomia, qualidade estreitamente afim à maioridade que ressoa no termo "público". Nisso transparece a exigência complementar, aquela apontada por Claus Offe, de formular estratégias de autolimites no âmbito individual em consonância ao institucional. Em sociedades mais consolidadas essa questão se apresenta (seria melhor dizer que se apresentou com vigor há meio século, quando a solidez das sociedades de bem-estar europeias ainda se mantinha) como relevante em países como a Alemanha, onde foi explorada a fundo por autores como Habermas e, sobretudo o já mencionado Claus Offe (em importante artigo sobre "ligações, amarras e freios", "Bindings, shakles, brakes - on self-limitation strategies", incluído em seu livro *Modernity and the State*). Faziam isso em busca das condições sociais da qualificação da conduta cidadã e do exame de quadros institucionais favoráveis para tanto. Isso os levava diretamente à questão republicana por excelência, a da constituição. Termo em que, ao mesclar a referência à composição de leis e normas de conduta ao seu ato construtivo original, de certo modo representa a mesma e muito significativa dificuldade de definição estritamente institucional que encontramos na referência limitada à república. A insistência de Habermas na questão da constituição europeia certamente vai além do exclusivo quadro institucional e na realidade propõe uma tarefa civilizatória.

Ocorre que no Brasil as condições para a conjugação entre conduta autônoma cidadã e quadros institucionais que possamos designar como republicanos encontra obstáculos de toda sorte. Tais condições republicanas envolvem desde o início a autonomia nas condutas, que se vincula diretamente ao cultivo do respeito aos demais membros da sociedade. Isso, por sua vez, implica autolimitação e, em consonância a isso, envolve a responsabilidade, que só ganha substância quando respaldada por instituições adequadas (do contrário tem-se mero exercício de virtudes pessoais contingentes). No âmbito institucional a contrapartida à responsabilidade cidadã é dada por aquilo que, não por acaso, é melhor designado por termo em língua inglesa, accountability, a capacidade de prestar contas. Pois é de capacidade que se trata, e não de mera obrigação.

Uma componente básica de prejuízo ao modo de ser cidadão e de empecilho à adoção de instituições republicanas consiste nesse movimento, pelo qual a capacidade efetiva e exercida é substituída pela mera obrigação formal, da qual cumpre escapar mediante negaças e simulações. Enfim, já neste ponto se anuncia um dos mais perturbadores traço dessa condição, que é a persistente presença, aberta ou em segundo plano, da má fé como substrato nas relações das instituições com os cidadãos e deles entre si. (Esse tema é da maior importância e pode ser uma das chaves do enigma que nos desafia). Isso tem consequências importantes nas próprias bases institucionais, no âmbito das normas. Estas podem ser vistas por duas perspectivas, complementares entre si em princípio, e no entanto danosas quando separadas de modo unilateral. Por um lado, enquanto diretrizes habituais de conduta elas podem operar como referências rotineiras, a serem assimiladas sem maior cuidado. Pelo outro, adquirem a qualidade de mandatos imperativos, aceitos contudo por prudência mais do que por aquilo que representam. Por um lado tem-se o mero hábito, pelo outro a mera adaptação. A oscilação entre um e outro ao invés de trata-los reflexivamente é um dos pilares dessa forma de orientação da conduta aqui denominada má fé. Ela tem portadores sociais específicos. É própria a individualidades fraturadas, socialmente lesadas, que em resposta a isso recorrem a uma representação bloqueada da figura do indivíduo naquela forma de auto referência designada como "personalismo". Nesta se traduz um símile perverso de individualismo em sua qualidade de respeito generalizado à individualidade.

O principal obstáculo ao efetivo exercício da responsabilidade no caso brasileiro é dado pela disseminação, em todos os níveis e dimensões da vida social, de orientações predatórias de conduta. Quando tomado isoladamente tal componente poderia ser referido ou mesmo atribuído a traços básicos da formação histórica da sociedade. Traços tais como o modo de ocupação e colonização do território, o regime escravista e, contemporaneamente, o modo de incorporação do capitalismo em uma ordem burguesa incapaz de se dinamizar construtivamente, como diria Florestan Fernandes. Tal procedimento, porém, nos conduziria por caminho equivocado, ao concentrar-se em um traço isolado sem considerar a constelação de que é parte e, em consequência, projetar uma ligação sumária, similar a um "curto circuito" entre aquele traço e o complexo social mais abrangente, ao passar ao largo de suas conexões significativas particulares. Nesses termos cabe ampliar o elenco na busca do núcleo do problema, a saber, daquilo que confere unidade ao conjunto. Depois, põe-se a questão dos fundamentos, entendidos não tanto em termos de origens como de reprodução daquele complexo histórico (vale dizer, social, político e cultural temporalmente composto).

AGRADO E CASTIGO

Roberto Schwarz já desvendou em passagens famosas a centralidade do tema do favor nas relações sociais estratificadas no século XIX e ofereceu argumentos a favor de sua persistência no período subsequente. Essa questão suscita de imediato sua outra face, que é a presença da punição, traço que percorre de ponta a ponta e sempre em posição central a trajetória histórica da sociedade brasileira. O problema, no caso, consiste em como a punição assume, em circunstâncias determinadas, a forma do favor. Isso passa pela questão da afinidade do favor com a indiferença, tal como se dá em uma paradoxal reiteração de superioridade mediante a conexão entre o favor concedido e a desconsideração efetiva da identidade do recipiente. Em contraste, a punição incide diretamente sobre pessoa ou grupo inequivocamente identificados, e por essa via é mais focada caso a caso. Ambas são afins à posição senhorial degradada que persiste em todos os âmbitos da sociedade, incluindo a posição supostamente democrática que ambos podem revestir naquilo que prefiro denominar democracia senhorial, mera capa atraente para a ubíqua relação entre agrado e castigo. Nessas condições, senhorio não é dominação no sentido de liderança e capacidade de iniciativa e sim mero arbítrio continuado, aquilo que Max Weber conceituaria, ainda quando não explicitamente ao falar do Estado, como Gewalt, vigência da capacidade de punição (e não mera violência). O exercício do favor agride a universalidade dos princípios? E a punição, é aberrante? Em termos de práticas, não, quando uma e outra, entrelaçadas, se convertem em princípio tácito das relações, prontos a converterem uma referência universal em generalização casual, desprovida de substância. A concepção daquilo que é ocasionalmente generalizado como sendo universal é expressão tão característica dessa orientação de relações sociais quanto a confusão entre o que é público e o que é oficial (ou seja, aquilo que exige adesão reflexiva e aquilo que se impõe ao exibir a chancela da autoridade).

É possível nesta altura avançar um passo na argumentação aqui apresentada, mediante a sugestão de que a relação entre os termos do par formado por favor e punição (ou, talvez de modo mais fiel, agrado e castigo) se realiza mediante a incorporação de ambos os termos em um terceiro. Embora oculto na relação, ele está presente ao longo de todo o complexo significativo que aqui se busca reconstruir. Faz isso ao percorrer as múltiplas relações que nele se apresentam e ao conferir caráter sinérgico ou de reforço mútuo a essas relações, que nisso se refratam mutuamente. (Vale neste ponto antecipar um tema de caráter metodológico a ser retomado na construção da análise aqui encetada, que reserva posição de relevo para o problema da refração da imagem ou representação das figuras de processos sociais complexos quando se busca observa-las em conjunto. A essa refração junta-se a resistência como movimento intrínseco às relações no interior do processo, ambas contribuindo, em planos diferentes porém interligados, como notas na dinâmica social.

As relações resistem à forma que lhes imposta e ocultam seus contornos à observação externa).

No caso que agora se apresenta o termo mediador é a impunidade, que opera em segundo plano como referência tácita na relação. A impunidade se apresenta como uma espécie de operador, que põe em contato e dinamiza traços à primeira vista incongruentes do complexo de relações. O caso mais expressivo é o da prática da inculpação. Não havendo como universalizar a impunidade de maneira análoga a um direito, pois do contrário ela perderia sua condição privilegiada, seu complemento, agora sim congruente, consiste na atribuição de culpa a outro ou outros, com base no princípio de que a culpa sempre cabe a outrem. Na prática isso envolve um mecanismo de transferência da culpa, que por sua provoca um movimento de deriva da responsabilidade pelos efeitos dos próprios atos. Nesse processo, aqueles mais qualificados para recorrer à inculpação ficam também habilitados a substituir a consideração dos limites pelo arbítrio sistemático. Faltando a renúncia dos poderosos, resta aos destinatários da inculpação apenas a privação. Resulta disso a figura do cidadão fraturado, suspenso entre a privação imposta por terceiros e a voracidade como busca de satisfação sem limite. O ponto central aqui é precisamente o do limite.

Instituições civilizadas provêm algo em troca da renúncia à satisfação imediata mediante autolimitação, que consiste em sociabilidade estribada no princípio básico da reciprocidade. Esta, contudo, é incompatível com a sequência formada por impunidade, inculpação, irresponsabilidade e não-reciprocidade. A mera privação como substituta da renúncia à satisfação imediata em nome do limite só faz aumentar a voracidade ou a frustração geradora de agressão. E essa carga agressiva fica aberta ou confinada na forma de ódio como o fluido tóxico que, persistente em segundo plano, tende a impregnar todas as relações. A passagem da autoagressão mediante privação à agressão a outrem mediante inculpação é direta, e acaba desembocando em restrição imposta ao outro, sempre ao outro, no lugar da consideração consciente e reflexiva do limite. Tudo isso acaba se exprimindo no duplo sentido do termo repressão. Em sua face externa o outro aparece como seu alvo, enquanto fica oculta a sua operação no interior dos próprios sujeitos. Isso leva à reiteração e retroalimentação da voracidade, vale dizer à perda de limites em ambos os lados, o daqueles que se veem em condições de ignora-los e o dos sistematicamente frustrados. A consequência disso tudo é um conflito latente, que não se resolve e impõe seu efeito paralisador.

OS TRÊS PPP

Na perspectiva aqui proposta caminha-se para um esboço daquilo que poderia ser denominado os três pp do conjunto de orientações da percepção e da conduta na esfera pública brasileira, quando ela se revela *possessiva, predatória* e *punitiva*. A peculiar constelação de fatores envolvida nisso e a ser desvendada conduz às questões fundamentais envolvidas. A primeira delas concerne à identificação do princípio de organização do conjunto significativo envolvido. Cabe salientar que importa o princípio organizador, e não eventuais origens ou causas. Os fenômenos relevantes exibem caráter histórico, porém a análise do conjunto não pode ser historicista, assim como não pode ser culturalista. História e cultura constituem parcelas essenciais do problema, insuficientes embora para sua solução. Isso remete à segunda grande ordem de problemas, que se apresenta em duas figuras complementares entre si. Uma delas é relativa às condições de *persistência* das relações envolvidas. A outra assinala a questão mais difícil de todas e também a mais decisiva. Diz ela respeito às condições de *reprodução* daquela constelação.

Exposto de modo sumário e tentativo o problema, talvez valha a pena dar atenção a um caso exemplar dos dilemas substantivos e desafios analíticos envolvidos.

UM CASO EXEMPLAR: DESCULPA AÍ

O presidente da República emite gracinha homofóbica a respeito de uma refrigerante cuja cor não lhe agradou. Logo após, diante da má repercussão de seu pronunciamento, declara-se arrependido e pede desculpas. Ato isolado, envolvendo figura pública notoriamente boquirrota? Longe disso. Envolvido nesse episódio encontramos um dos traços mais expressivos da linguagem cotidiana em sociedades como a nossa. Trata-se da expressão "desculpa", utilizada para evitar ou atenuar relações potencialmente conflitivas.

O termo "desculpa", que à primeira vista parece a coisa mais inofensiva, é na verdade uma bomba verbal de efeito retardado. Ele permite revelar muito a respeito da sociedade em que é usado, também em comparação com outras. É característico desse tipo de recurso verbal conter mensagens ocultas. Em nosso caso, são duas. Uma assinala a posição social pela qual se orienta cada um dos interlocutores e a outra indica o sentimento exato de quem o emprega.

Numa sociedade como a brasileira a fórmula "desculpa" parece evidente, mas tem significado complexo. Para todos os efeitos o presidente da República pode permitir-se dizer "desculpa" e decretar do que o assunto está encerrado, doa a quem doer, como diria seu colega de extração oligárquica, o ex-presidente Fernando Collor. Se pediu foi atendido, com autoridade não se brinca. Porém, há mais significados envolvidos no uso daquela fórmula. De modo geral ela tem outro componente oculto importante. É que seu uso envolve a capacidade do interlocutor dominante de proclamar, por sua conta, a quem pode dirigir um pedido de desculpa, ao passo que a parte dominada deve desculpas a todos, irrestritamente.

Em condições marcadas pela hierarquia e com forte déficit de relações igualitárias, "desculpa" é termo vazio para o superior e ameaçador para o inferior. Não significa culpa anulada, e sim punição poupada. Nesse tipo de sociedade a questão da desculpa é inseparável daquela de punição. Pode-se adiantar que a eficácia social da desculpa se deve a isso. Na realidade, em um sociedade como a nossa a possibilidade da punição está no centro como sombra expansiva e molda todas as relações. Isso é fundamental. Entre outras consequências isso se traduz num padrão oligárquico de relações sociais (ou, na melhor das hipóteses, naquilo que aqui se denomina democracia senhorial) nas quais o escape à punição, na forma exata da impunidade, está diretamente ligada à proximidade dos poderosos. Quando envolvida em relações sociais estratificadas, a desculpa aceita por quem se encontra em posição superior indica sua disposição a não punir "desta vez", reforçando assim sua superioridade. Nessas condições a abstenção de punição é uma concessão, e o desculpado recebe uma garantia momentânea de impunidade. O que, de resto, facilita a aceitação da impunidade reiterada que se observa nos poderosos. Sendo uma concessão, a abstenção de punição pelo poderoso não opera como ato de justiça. Mais propriamente representa uma dádiva, um ato de arbítrio, uma concessão seletiva, não generalizada (para você eu faço isso, ofereço-lhe neste momento a sensação de impunidade).

Isso suscita duas consequências de peso na vida social. Em primeiro lugar, cria uma situação modelar, na medida em que abole a responsabilidade, em ambas as partes. Quem pede ou concede desculpa está passando ao largo do ato responsável, capaz de responder pelo que faz. Afinal, se tomado literalmente des-culpa alude a algo muito forte, nada menos do que a abolição da culpa, o ato senhorial (senão divino) por excelência. Significa isso que em sociedades marcadas pelo padrão da desculpa o ato responsável pouco vale, quando não é desprezado como sinal de falta de traquejo na vida social. Ademais, como consequência mais funda daquele padrão fere-se o próprio arrimo da vida social, que é a reciprocidade.

Um exemplo impressionante dessa ligação entre punição e distância social mediante o recurso à desculpa é dado por episódio ocorrido em 2018. O senador Onyx Lorenzoni é julgado por manter recursos de campanha não declarados conforme a lei, sob a forma da "caixa dois". Sai impune, porém, limitando-se a restituição monetária simbólica. Por que? Deixemos a explicação para o então ministro da Justiça, Sergio Moro. Não há por que condena-lo, por duas razões. Primeira, que ele admitiu o crime e "pediu desculpas". Segunda, porque o ministro "deposita confiança nele". O exemplo não poderia ser mais perfeito, e sozinho admitiria longo comentário. Do nosso ponto de vista um dado especialmente perturbador desse evento não diz diretamente respeito à ação do ministro (da Justiça, é bom lembrar, como também vale lembrar que o Ministério da Justiça é simultaneamente da Segurança Pública, vale dizer, não se limita a dizer o justo, mas vai fundo na punição específica ou difusa, mediante repressão). Perturbadora, além de tudo, é a resposta da sociedade à sua conduta. Nenhuma resposta, a não ser em comentários ocasionais e pequenas "bolhas" na internet, sem alcançar o plano institucional. Um fato exemplarmente passível de indignação, exemplo extremo de prepotência e desprezo pela justiça (a lei sou eu e a aplico como me aprouver) na figura pública que mais deveria defende-la e que mereceria indignação e revolta na sociedade, foi praticamente ignorado, também pelas instituições pertinentes. Aquele incidente serve como indicador extremo do nível de absorção pela sociedade da afinidade profunda que nela se gerou historicamente entre a ideia de desculpa e a de impunidade. Tal afinidade de ambas se apresenta à sombra da ideia matriz de punição, talvez a expressão simbólica mais forte dos traços culturais (ou seja, incorporados e praticados) característicos da formação social brasileira. E faz sentido sustentar que essa trindade punição-desculpa-impunidade ocupa posição no centro mesmo da nossa cultura política.

Nesse contexto torna-se patente a relevância da análise comparativa, em outro momento, da díade formada por culpa e risco, figurando a desculpa como cancelamento do risco de punição, com explícita consideração pelo padrão de sociedade em que cada termo exibe posição central (sem falar, é claro, das intrincadas maneiras como podem surgir enleadas). Consta que em chinês mandarim o ideograma para "crise" combina aqueles de "risco" e "oportunidade". Seja ou não correto tal relato acerca desses ideogramas, trata-se de combinação poderosa, muito além de sua suposta demonstração da "sabedoria oriental". O que vai emergindo nessa passagem é um conjunto de referências que vão se associando em uma configuração própria, em que punição, desculpa, impunidade, risco e oportunidade só ganham sentido no jogo que se estabelece entre todas elas. Isso, a ser retomado mais à frente, pode constituir, peça importante na reconstrução do complexo cultural que nos preocupa, em que a crise, longe de ser excepcional é elemento estruturante.

"Quem pode manda, quem não pode obedece". Parece uma frase trivial, mas o segredo de sua aceitação generalizada se deve ao bloqueio, socialmente gerado e culturalmente transmitido, à questão da origem e legitimidade de tal poder. O grau de penetração dessas concepções se manifesta em expressões aparentemente insignificantes da vida cotidiana, que retiram seu automatismo da circunstância de se apresentarem como vazias, puramente formais. É nesse caráter formal, contudo, que reside o segredo de sua eficácia social, quando ficam ocultos seus significados mais fundos. Consideremos a expressão "por favor". Nada mais educado e gentil, dirão os desprevenidos. No fundo, contudo, latente nesse envoltório ocorre que tal expressão, como as assemelhadas, significa o contrário de seu valor de face. Quando não se reduz a mera súplica, marca de condição subalterna, "por favor" indica seu oposto, é imperativo autoritário disfarçado (faça isso ... por favor). Mais do que fala vazia, dissimula uma advertência, "senão você terá problema". É significativo que aquela fórmula seja usada, com frequência e em tom peremptório, em relações em que a parte solicitante é manifestamente superiora socialmente. Significativo, igualmente, é que em especial em relações marcadas por equivalência de posição social ela no mais das vezes e com anuência tácita dos envolvidos assume caráter inequivocamente formal, para desempenhar papel de mero suporte da relação com conteúdo vazio, algo como a função fática da linguagem em Jakobson. A frequência de mensagens de cada tipo serve para indicar traços importante em seu contexto social. (À guisa de contraste interessante merece atenção como isso ocorre no contexto de língua francesa, "s'il vous plaît", ou inglesa, "please", em que o significado de "se vos aprouver" tem ressonância igualitária com gradações a serem examinadas, quando comparado ao alemão "bitte" ou ao italiano "prego", em que ressoa pedido ou solicitação ambígua quanto às posições relativas dos envolvidos).

Algo semelhante ocorre com aquela expressão, em princípio bem mais civilizada, "sinto muito". Nos países de língua e tradição histórica inglesa o termo correspondente é "sorry", na França usa-se "désolé". No caso inglês e francês a mensagem social é que há igualdade entre quem fala e quem ouve, ambos são burgueses e isso encerra a questão. Por isso mesmo a mensagem no plano da linguagem pode ser brusca e sem qualquer preocupação com eventuais sentimentos do outro. A questão é muito objetiva, como um empurrão linguístico, algo como "deixa pra lá". Não há maiores consequências para ninguém, todos estão no mesmo nível e se entendem. São cidadãos, como diriam os ingleses, e republicanos, como diriam os franceses. Nesses casos tudo se resume em assinalar a insignificância da coisa e não da pessoa.

Isso muda muito de figura quando a sociedade envolvida não tem uma base favorável à igualdade nem à conduta republicana, como a nossa. Enquanto "sorry" e "désolé" prestam-se ocasionalmente a um tom agressivamente sarcástico, de inversão do seu sentido literal, "sinto muito" é mais escorregadio (como tudo nesse contexto cultural) e o tom irônico mais anuncia um deslize semântico rente à desqualificação do outro do que a inversão do significado. Nesse caso, a expressão integra frase incompleta, que oculta seu complemento, sempre anunciado por um "mas", algo como "mas, a mim não importa". Embutida nessa expressão característica do contínuo deslize das formas de intercâmbio social para o condicional existe, todavia, uma expectativa de reconhecimento. Importante nesse ponto é que a expectativa é mútua, a rigor o sentido da expressão é que ambos os lados sofrem, porém a situação em que se encontram não permite que tal sofrimento venha à tona, ficando em segundo plano. Permanece oculto, e nisso de novo tocamos ponto sensível, quando gera efeitos reais que no entanto operam despercebidos, em segundo plano. Isso não esgota a questão, contudo. Ambos os lados sofrem, mas o sentimento de uma parte é real, enquanto o da outra, que "sente muito", é derivado, sem por isso se cancelar. Onde parecia haver um ato de reconhecimento mútuo infiltra-se de novo a assimetria de posições. Nisso vai-se fundo, ao ponto de indicar aquilo que é fundamental nesse processo todo, quando nele se compromete o princípio da reciprocidade.

Isso encontra manifestação cabal naquele mecanismo de defesa que, presente em situação como essa, se espraia no entanto pelo inteiro espaço social, com a característica básica de só estar ao alcance daqueles que podem se permitir ignorar a outra parte; no polo dominante portanto. Trata-se da *indiferença*, talvez a figura mais acabada do complexo significativo cultivado (como cultura) em nossa sociedade. Em fórmula talvez paradoxal, a indiferença é a expressão mais acabada da diferença, sempre que esta assume a forma do alheio, a ser mantido à distância. Há mais, todavia. Outro aspecto importante a ser examinado concerne à presença em pontos nucleares do intercâmbio linguístico dessa espécie de freio às expectativas do interlocutor (como expressão de supremacia num caso, como lembrete formal entre iguais no outro) que é aquela forma restritiva a que aludi há pouco, tipicamente mediante a conjunção "mas" ("podemos fazer, mas..."). Isso tem importância realmente fundamental, ao imprimir ao discurso um tom sempre condicional, como traço que demanda o gesto autoritário para lograr efeito ou, no caso mais brando entre iguais, é alusão formal a essa possibilidade.

Algo similar ocorre com outro termo igualmente corroído pelo uso, "obrigado". Aqui a própria história do termo é diretamente relevante para superar o véu de esquecimentos e equívocos que ele carrega. Sua origem está nas práticas sociais de sociedades aristocráticas, quando o ato de um cavalheiro em proveito de outro no mesmo nível social (não se diz obrigado a um lacaio) gera uma obrigação para o favorecido. E esse reconhecimento se traduz na expressão "obrigado", análoga à francesa "obligé", vale dizer, sei que devo retribuir. Nessa situação não se manifesta uma igualdade geral na sociedade, mas, pelo contrário, o caráter restrito e exclusivo desse modo de agir (iguais somos só nós). Essa manifestação de conformidade ao dever de prestar conduta equivalente no futuro encontra entre iguais a resposta mais adequada na expressão "por nada", que por comum aceitação sinaliza seu contrário, a saber, pelo que vale. A erosão de fórmulas nesse teor acompanha a decadência da sociedade de corte e abre espaço para expressões mais maliciosamente ambíguas como a afiada "não por isso" (ou seja, por muitas outras razões). Entretanto, esse caso é diferente num ponto especial. Embora pelo menos na origem se respeitasse o princípio de reciprocidade, agora sorrateiramente se mantém esse princípio oculto sob uma fórmula vazia (te devo essa). Significa isso que persiste algo que pelo menos invoca a possível reciprocidade plena em relações sociais não aristocráticas, marcadas por padrões mais democráticos. Nessas, a promessa, desprovida da garantia de cumpri-la própria ao mundo da aristocracia, nem por isso deixa de invocar no horizonte a generalização de formas de vida igualitárias. Destarte gera-se o paradoxo decisivo, de que tal promessa ou reconhecimento de dívida somente se realizaria se fosse abolida do vocabulário social corrente. Persistindo tal resíduo histórico, ele perde substância e acaba se efetivando precisamente pelo lado que se imaginaria ultrapassado. Consiste ele em reservar o uso mais igualitário para os poucos e bons e nunca para todos. Nisso sim ele adquire caráter inequivocamente formal, simula o que se sabe ser fictício, numa expressão precisa da "má fé" à qual se aludiu antes.

Cabe assinalar que esse padrão de relações sociais carrega em seu bojo um desdobramento de grande importância desse conjunto de fórmulas, que por si mesmo mereceria especial atenção. Seu caráter específico consiste em que se trata de uma referência social efetivamente generalizada em sociedades como a nossa e que se torna uma componente de relações sociais aceito tacitamente, a tal ponto que dispensa verbalização. Trata-se da poderosa, até porque oculta, fórmula "faz de conta", pela qual se instala na linguagem cotidiana a mesma carência de responsabilidade das fórmulas atuantes de modo explícito nas relações face a face. Sua eficácia deriva da circunstância de que ela atua como um prolongamento das demais, ao insinuar uma espécie de validade geral quando se aplica indiscriminadamente a todos, numa perversa alusão a uma igualdade democrática fictícia como ela própria.

A advertência do caráter desse jogo de espelhos envolvido no conjunto de fórmulas que aqui vimos (e que constituem um sistema, a ser reconstruído na análise) pode servir para iluminar traços não triviais dos dilemas da peculiar realização de formas de vida democráticas em nossa difícil república. O termo república é usado aqui na acepção ampla e funda já proposta, de modo de vida de uma sociedade. Sua referência mais restrita, todavia, é importante para assinalar mais um vértice desse complexo poliedro, quase um prolongamento da prática do faz de conta. Trata-se do recurso sistemático, em especial no campo político porém não só nele, da "conciliação", valer dizer, do abrandamento temporário e só aparente de divergências profundas com o fito de deixar tudo como está, fazendo de conta que se obteve mudança (qualquer semelhança com o processo de "transição democrática" brasileira não é acidental).

Uma característica adicional desse complexo permite traçar de certo modo um acabamento do conjunto. E o termo "acabamento" não vem por acaso aqui. Isso porque a referência é precisamente a um traço tão entranhado nas formas de percepção e conduta que se torna praticamente invisível, embora paradoxalmente se apresente mais em objetos materiais, especialmente os edificados. Consiste ele na dificuldade para levar até o final uma tarefa de qualquer natureza. Não é preciso ser arquiteto ou urbanista para perceber quanto isso permeia espaços construídos, e o mesmo se aplica às mais diversas experiências do cotidiano. O momento do último toque, do acabamento completo como que se dilui entre outras preocupações emergentes. Difícil não associar isso ao padrão de uma sociedade bloqueada para o futuro, constrangida a reiterar o passado ou a explorar de maneira predatória o presente imediato. Ilustrativo disso é o contraste com padrão análogo em uma sociedade como a inglesa, que atravessou a revolução industrial em posição central e nisso incorporou em seu padrão de produção especializada a prática com raiz artesanal da craftmanship, do cuidado tecnicamente orientado. Deriva disso a impaciência com o mau acabamento e o retoque meramente decorativo, de "capricho" no estilo faz de conta, que só esconde deficiências, como é usual em uma sociedade periférica com ranço colonial e escravista avessa ao reconhecimento do trabalho. Em situações dessa ordem está em jogo um descompasso histórico, na figura de um passado mal elaborado e não assimilado construtivamente. Isso, contudo, vai mais longe, ao sinalizar um dilema profundo no próprio modo como a configuração social que tende a se consolidar afeta por todos os lados, desde a elaboração cultural dos grandes processos históricos até as relações sociais mais finas, o próprio modo de agenciamento dos processos temporais. É todo o complexo simbólico da percepção e incorporação do tempo que se vê afetado em toda a extensão da escala social. Está em jogo aquilo que poderíamos designar como deficiência da elaboração temporal. Um passado diluído em memória pouco consistente, combinado a um futuro que se furta à previsão racional e ao planejamento em todas as escalas, tem desde logo consequência de largo alcance. É a própria dimensão do presente que perde substância e fica esgarçada entre a redução ao insignificante por um lado e, pelo outro, a foco absorvente de atenção que debilita os laços com o passado e, no mesmo passo, com o futuro. Tendência ao isolamento temporal do presente, enfim. Entretanto, ao chamar a atenção, por contraste, ao passado sem reduzi-lo ao mero pretérito e ao deixar entrever que o relevante é o modo de sua assimilação na memória social, isso se revela condição importante na montagem do nosso problema.

NOTA INCONCLUSIVA

O notável sociólogo argentino Horacio Gonzales, (recentemente falecido e a quem aqui homenageio) inventou, entre mil outras coisas, um recurso de pesquisa social denominado Método Leopold Bloom, que tinha como principal característica a de "não ser um método". Com inspiração tão eminente, sinto-me à vontade ao apresentar um final que não é um final. Na realidade, é um convite e um desafio para iniciar aquilo que é, com efeito, um texto intrinsecamente inacabado, estilo work in progress. No modo sumário como se apresenta, nenhum argumento é robusto o suficiente para oferecer base sólida para os passos seguintes e lançar os alicerces de uma conclusão bem fundamentada, embora sugestões nesse sentido sejam feitas nos devidos momentos. Nem poderia ser de outro modo, na ausência do próximo passo, que consiste na introdução na análise do contexto mais amplo oferecido pelas condições materiais do complexo histórico-social que dá consistência ao conjunto. Neste momento trata-se tão somente de assinalar a possibilidade de algo como um mapeamento de uma dimensão fundamental de um complexo altamente intrincado. Quando realizado, contudo, aquele mapeamento poderá propiciar pontos de orientação na busca do entendimento dessa fugidia entidade que é a sociedade brasileira naquilo que tem de peculiar. Para tanto, temos que percorrer diversos níveis de problemas, relativos a modos de conduta, a complexos significativos, à forma social do sistema em que são gerados e reproduzidos e, permeando o conjunto como desafio máximo, a lógica da coisa. Decifrar tudo isso, mostrar que há método nessa loucura, de fato não é para principiantes.

*

Questões relativas à vida republicana vêm em anos recentes ocupando com intensidade crescente intelectuais brasileiros de primeira linha, como se pode ver no comentário sobre livro relevante que vem em seguida.

VIRTUDE, INTERESSE, DESEJO (SOBRE *PENSAR A REPÚBLICA*)

Qual o legado irredutível que nos oferece o republicanismo, na sua versão renascentista e moderna? Newton Bignotto tem uma resposta firme para isso, no artigo com que participa dessa bela coletânea de textos sobre a questão republicana, da qual é o organizador. O que podemos herdar desse pensamento, escreve ele, "é uma concepção ativa de liberdade, que não nos conduz necessariamente nem ao despotismo das massas, nem à ilusão de grandes rupturas". E, de modo mais categórico: "Se quisermos saber com certeza o conceito da tradição que passa inteiro para os nossos dias, esse conceito é o da liberdade" (p. 65) . Fica destarte delimitado o campo do debate: como pensar politicamente a questão da liberdade sem permanecer confinado no liberalismo e sem enfrentar a questão do socialismo? Não é a virtude cívica que ocupa o centro da atenção de Bignotto, mas o resultado do seu exercício, aquilo que era tão claro para Maquiavel, a expansão da liberdade, o vivere libero, com todas as suas conotações de modo de conduzir a vida. Não é por acaso que aqui se invoca Maquiavel. Não só porque Bignotto está reconhecidamente na primeira linha da interpretação do patriota florentino entre nós, mas porque este seu escrito desemboca numa exortação no melhor estilo da tradição: "Há, portanto, a nossos olhos, uma tarefa ética e política, especialmente urgente em sociedades como a nossa que desconhece a prática da cidadania, que pode se beneficiar da recuperação da noção de bem público, para além do uso que teve nos dois últimos séculos" (p. 67).

Ao longo desses últimos dois séculos entre outras coisas ocorreu ao bem público ser associado, por Tocqueville, ao exercício do "interesse bem compreendido". Doutrina "moralmente fraca", comenta Marcelo Jasmin no seu capítulo. Ela "nada tem de sublime" quando "comparada às noções do desinteresse de si ou da beleza intrínseca da virtude", mas representa o esforço republicano máximo que se pode esperar das sociedades democráticas. Importa que "os indivíduos modernos, incapazes de alcançar por gosto e convicção as virtudes sublimes, podem produzir uma prática social ordenada na busca (moderada, bem compreendida) de seus interesses privados" (pp. 82-83). Marcelo Jasmin vê em Tocqueville um pragmatismo político que o leva a abrir mão das exigências mais severas do modo de vida republicano para, nos limites estreitos das sociedades democráticas conforme se apresentavam a ele, obter o que lhe parecia decisivo, o enlace de vínculos entre os homens e deles com a ordem social maior. Vínculos morais, de preferência. Mas, sendo estes débeis, que pelo menos encontrem reforço numa boa compreensão do alcance e da eficácia dos interesses de cada qual. Homens associando-se por interesse atenuados pela prudência mais do que por impulso ético. Seja, faute de mieux, diria Tocqueville - desde que haja associações e não uma poeira de indivíduos de um lado e um Estado provedor e sufocante da vida civil pelo outro.

Se Newton Bignotto está à vontade com Maquiavel, Marcelo Jasmin não o está menos com Tocqueville. Talvez não seja, então, inteiramente descabido suscitar um ponto que não é preocupação sua nesse texto mas que talvez mereça sua atenção em outro momento. Refiro-me a um traço da obra de Tocqueville que se revela muito atual no debate sobre a organização de uma ordem política aberta à cidadania ativa. É que, referindo-se à democracia (mas poderia também dizer república, no caso), ele assinala a sua ineficiência, para sublinhar que isto é compensado pela capacidade desse regime de mobilizar as energias dos cidadãos. É o caso de incorporar à reflexão atual, em tempos saturados de apelos à eficácia do cálculo de custos e benefícios, essa lembrança muito clássica de que a vida política, a "arte da associação" como a via Tocqueville e antes dele Aristóteles, não é para ser gerida como uma empresa ou uma competição atlética. A concepção republicana tem tudo a ver com esse tema, e pode firmar posição a respeito. Adiante veremos como esse tema comparece na instigante contribuição de Renato Janine Ribeiro.

Está em debate a república. Mas, pergunta Sérgio Cardoso, que república? Ou seja, como pensá-la em toda a sua densidade histórica e conceitual, sem diluí-la na figura do Estado constitucional de direito mas também sem sobrecarregá-la com excessos de virtude e participação? Um exame rápido das concepções em confronto permite traçar algumas linhas básicas, a começar pela tendência a ignorar-se, ou ocultar-se, o "aguilhão crítico" que impele o tema republicano para a arena do debate contemporâneo. "Pois o republicanismo pode ter deixado de ser revolucionário (como foi nas chamadas revoluções burguesas), entretanto não perdeu sua motivação crítica. Não perdeu, certamente, o traço conceitual e histórico que o caracteriza, o de balizar, para além das diferenças de posses, riquezas, influências e talentos, um espaço comum equalizador, definido pela implicação de todos os cidadãos no sistema de decisões políticas. Pois o regime republicano não supõe apenas essa integração de todos, ele a promove; e carrega, inevitavelmente, no bojo da sua efetivação, ou radicalização, como democracia política, também a democratização econômica, social e cultural, gerada pela universalização dos direitos e da participação política" (p. 29). Posto isso, faz todo o sentido a lembrança por Sérgio Cardoso, evocando a politeia grega, de que república, no seu "sentido prático original", não designa um regime de governo entre outros, mas o melhor deles. E que isso tem ressonância no "caráter crítico-político das suas retomadas históricas" (p. 30). Esses argumentos entrelaçam-se a uma reconstrução do percurso histórico da ideia de governo misto, desde as suas vertentes de matiz mais "aristocrática" em Platão e mais "democrática" em Aristóteles, passando por Políbio e pelos romanos até o fecho, com Maquiavel, da fase pré-moderna da qual ele se ocupa. Observações sumárias como essa não fazem justiça à densidade e à riqueza do artigo de Sérgio Cardoso. Para convencer-se disso basta ir ao tratamento que dá a Aristóteles, em nove páginas luminosas.

É possível combinar Tocqueville com Foucault? Pois é a imagem dessas duas díspares figuras que parece pairar sobre o artigo de Renato Janine Ribeiro. O texto ocupa-se da disparidade de duas outras figuras, estas da ordem da política, a república e a democracia. Disparidade e aproximação até à dependência recíproca: estas são as linhas de força de um texto de alta voltagem. A imagem de Tocqueville é evocada pelo jogo entre a severa disciplina aristocrática das virtudes republicanas e o ímpeto desejante da mobilização democrática das carências – carências que não se esgotam na dimensão econômica mas avançam para o domínio da política, ao se traduzirem em demandas de reconhecimento e fruição. Pois república e democracia não se confundem para Renato Janine, nem mesmo são meramente complementares, embora não vivam uma sem a outra. Como regime de poder temperado pela virtude a república tem longa tradição, seu aprendizado é do mando e da disciplina (do sacrifício, escreve Janine), e já se fez historicamente. Resta a tarefa mais difícil: converter em formação política no sentido mais fundo do termo a turbulência da democracia, esse regime do desejo. Por isso a democracia não vive sem a república, sustenta Renato Janine. Pois é nela que se pode encontrar freios para a cadeia sem fim do desejo, do não ter, do não ser. "Ao apontar a virtude da república como regime de autocontenção, estou afirmando a necessidade de que os desejos, para realizarem uma democracia ampliada, aprendam a educar-se segundo hábitos que são inicialmente aristocráticos" escreve, com Tocqueville espreitando sobre seus ombros.

Que não se queira, entretanto, racionalizar sem mais e às pressas a democracia. Que não se exija dela o que não pode dar, a eficiência. "A democracia sobressai-se na legitimidade, e falha no funcionamento", escreve ele (p. 20). Ao retirar seu ânimo da carência, do desejo que se furta à definição e ao controle, ela é um enigma a ser decifrado a partir de dentro, pelo seu aprendizado. E este é mais da ordem da aventura (o termo é de Janine), do questionamento, do que do avanço medido por trilhas seguras. É fácil barateá-la, ademais: basta reduzir o processo polimorfo dos desejos à reivindicação por distribuição de recursos, como qualquer populismo pode fazer. Difícil é enfrentar o seu desafio. "Pois o problema da democracia, quando ela se efetiva – e ela só pode efetivar-se sendo republicana – é que, ao mesmo tempo que ela nasce de um desejo que clama por realizar-se, ela também só pode conservar-se e expandir-se contendo e educando os desejos. Eis a contradição terrível da democracia, que até hoje a limitou extraordinariamente e fez até, lá onde ela melhor se constituiu, que não fosse muito além da esfera política. A dificuldade de uma democratização dos afetos e da socialização, ou seja, da vida afetiva e das relações de trabalho, está exatamente nessa exigência da autonomia, que nem sempre é entendida como essencial, porque se deseja da democracia a distribuição dos bens e não a gestão do poder" (pp. 22-23). Adverte-se pois contra a redução do problema da democracia ao interesse bem compreendido, quando se trata do desejo jamais bem compreendido. Não há como dar termo a essa pulsação do processo democrático-republicano. Mas Renato Janine, e seus companheiros no empreendimento político-intelectual do qual resultou este livro , estão preocupados, cada qual ao seu modo, com dar início a ele.

Se Sérgio Cardoso quer saber de que república se fala, Olgária Matos questiona o tipo de sociedade em que se coloca essa questão. Walter Benjamin e os mestres da Teoria Crítica da Sociedade são chamados a dar seu testemunho sobre as promessas não cumpridas da civilização burguesa, solo histórico do republicanismo possível. Para além do tema das virtudes civis há na teoria crítica um apelo ingente à reflexão moral, na qual se desenha a contrapelo o elenco básico das exigências para uma vida republicana que valha a pena. Com referência a Adorno e suas Minima moralia, Olgária Matos vai ao ponto da sua argumentação. "Na crítica à razão instrumental, aos aspectos noturnos e sombrios da razão iluminista, à sociedade da total administração, essas 'mínimas morais' dirigem-se a um tempo de homens partidos e convergem para a educação emancipadora de um humanismo revisitado 'para que Auschwitz não se repita.' Elas visam a 'iluminação moral.' Iluminação moral: rompimento com o mundo da indiferença. Seu inteiramente outro é a paz" (p.101). Trata-se de cobrar do conceito de vida civilizada o que ele promete; e talvez Olgária Matos esteja sugerindo que lá no fundo esse também é o projeto republicano, que o horizonte por ele visado é o da civilização enfim realizada, da qual liberdade e igualdade são pressupostos .

Civilização é também o tema do notável artigo de Luiz Werneck Vianna e Maria Alice Rezende de Carvalho, só que com referência explícita à formação histórica brasileira, num registro mais voltado para a constituição da ordem republicana no jogo político efetivo do que na sua armação conceitual. O argumento central na análise daquela experiência enfatiza o processo secular de formação institucional que, no sentido forte do termo, desemboca na república como resultado de um processo histórico com caráter civilizatório. A república é vista, assim, como resultado e não como projeto. Interessa a "experiência republicana tal como se apresenta no mundo, e não a sua organização modelar" (p. 131), até porque "uma sociedade não se inventa" (p. 152). No caso brasileiro, seu foco de interesse, eles assinalam, ao cabo de uma reconstrução histórica notável, que "é o Estado democrático de direito que tem tido êxito onde falharam, durante o Império e a Primeira República, o liberalismo, e, na Segunda e Terceira Repúblicas, o comunitarismo organicista, matrizes que inspiraram processos civilizatórios fragilizados pela ordem patrimonial, sem cuja remoção não há cidadão, e sim um indivíduo dependente da vontade de outro" (p. 153).

Ao grande panorama histórico responde o mapeamento das condições atuais, com direta referência ao Brasil. Após lembrar que "tem havido, sem dúvida, nos últimos 15 anos, uma ampliação da prática dos rituais democráticos constituídos pelas eleições livres, pela organização partidária e sindical, pelo debate público", José Murilo de Carvalho manifesta a estranheza que percorrerá todo o seu artigo. "O estranho é que tal prática não parece ter alterado uma cultura política marcada pela ausência, ou ao menos pela fraca presença, dos valores que na tradição ocidental tradicionalmente se vinculam a uma cidadania ativa" (p. 113). Pesquisa que relata aponta na mesma direção. Isso torna-se manifesto em observações importantes como a de que "os baixos índices de cultura cidadã pouco têm a ver com exclusão do mundo legal e institucional. Quer dizer que as pessoas são incorporadas a esse mundo sem que sua postura diante da política seja alterada. Formam-se o súdito e o consumidor sem que ao mesmo tempo surja o cidadão participante" (p. 112). O grande problema está em que, nas condições brasileiras, "não há uma construção social do político", até porque a virtude privada e a virtude do Estado andam descompassadas. Quando se trata de perguntar sobre "como enfrentar hoje o problema da cidadania entre nós, tendo em conta a tradição e as mudanças em curso", as respostas de José Murilo de Carvalho são cautelosas e, para usar um termo seu em outra passagem, "algo hesitantes". São lembradas iniciativas no âmbito privado como as organizações não governamentais, e no âmbito público como o estímulo à participação na elaboração orçamentária municipal. Tentativas ainda incipientes, mas que servem para frisar o que realmente importa nesse jogo entre tradição e mudança: "renunciar a visões evolucionistas da história e colocar a justiça social no centro das preocupações" (pp.125-126).

Hannah Arendt no Sertão. Absurdo? Não, quando se leva a sério a preocupação de Arendt com a narrativa e se tem a finura de análise de Heloisa Starling. Numa notável leitura de Guimarães Rosa ela vai reconstruindo, num registro arendtiano, a "narrativa da República", no percurso de personagens de Grande Sertão Veredas. Uma passagem, entre tantas, que toma impulso com citação de autor de relevo: "Por tudo isso, nas Veredas Mortas talvez também possa ser lida a 'cena alegórica do nascimento do Brasil . De fato, as veredas que se bifurcam e correm em paralelo encarnam o lugar do pacto – o legendário ponto entre dois onde se prefigura o evento político e se prescrevem os fundamentos da vida comum, lugar onde tudo se encena e tudo se decide, onde tudo ocorreu mas ainda não chegou a ser" (p. 168).

Se Heloisa Starling pode falar do "gesto inconcluso da fundação que permaneceu suspenso no tempo da narrativa, como se Guimarães Rosa desejasse indicar que continua truncada, na formação social brasileira, a oportunidade política da República" (p.174) e evocar o sertão, palavra que no mundo de Guimarães Rosa designa "o beco para a liberdade se fazer", Wander

Melo Miranda volta-se para a cena urbana, a metrópole que ocupava Benjamin tratado por Olgária Matos. Mas o registro é outro, o da transfiguração da violência na forma artística. É na cidade, "comunidade arruinada" - não memorável como ruína mas desarrumada, nada hospitaleira - que a figuração plástica e a escrita, revistas por Wander Melo Miranda, vão buscar sinais de uma dimensão fundamental da república, o jogo entre fundação e memória.

Um belo livro, um grande livro, que consegue manter o fôlego da indagação e da crítica de ponta a ponta, nos mais diversos registros.

*

Do cotidiano - Estou eu à espera de atendimento em agência carioca de banco, esse baluarte da modernidade, quando me vejo testemunha de significativo diálogo. "Cuide dessa sua saúde", é a exortação feita em tom severo por cliente, senhora de voz e gestos peremptórios, à funcionária. Belo sinal de solidariedade, penso eu, até ouvir o desfecho da frase: "porque quem gosta de você é você". Sempre é tempo de aprender sobre os mistérios da vida civilizada.

O FASCISMO LATENTE

Há, de fato, uma deriva fascista em curso no Brasil? Certamente há poucas dúvidas sobre a tóxica combinação de autoritarismo e irresponsabilidade que vem destruindo as já vulneráveis instituições republicanas entre nós. O que já não é pouco, se considerarmos que o autoritarismo genuíno se empenha em exibir a marca da responsabilidade, de preferência investida em líder bem identificado. Não havendo isso a consequência, como ocorre em nosso caso, é o pior de dois mundos: o mal absoluto porém dissimulado, expresso na morte e na destruição anônimas. Menos nítida é a afinidade desse estado de coisas com o agressivo regime de extrema direita originalmente conhecido como fascismo.

Tudo começa com a dificuldade para definir de que estamos falando quando dizemos "fascista". Isso já não é fácil quando se trata dos exemplos históricos do período 1922 a 1945 na Itália e na Alemanha, e se transforma num labirinto quando a referência é ao período posterior até o momento presente. Labirinto a ser percorrido, contudo, e com olhos bem abertos, pois ele tem muito a mostrar sobre tendências em andamento e a serem combatidas. A rigor, falar em fascismo é falar do caso italiano, quando se inventou o termo para evocar a grandeza da Roma clássica como inspiração para a construção da grandeza nacional vista como degradada. Foi também quando, junto com a ideia central de grandeza se adotou na Itália o termo "totalitário" para designar uma unidade nacional baseada em um Estado forte o bastante para incorporar a sociedade em sua ação. Cabe lembrar, de passagem, que há nisso contraste frontal com o projeto socialista, voltado para a reincorporação do Estado na sociedade de que se separara no processo histórico moderno. O caso alemão leva o fascismo ao paroxismo, e nisso acentua também as ambivalências quando não contradições já presentes no caso italiano. Ambos os regimes incorporam uma tensão não resolvida entre o tradicional e o moderno, traduzida na combinação entre valorização positiva do avanço tecnológico e da inovação (também no campo da arte, como no "futurismo" italiano com seu culto da potência e da velocidade) e posição ultraconservadora no tocante a padrões de relações sociais como a família, junto com estritos controles doutrinários na educação e na cultura. Isso se manifesta em ambos os casos numa concepção do movimento político conforme àquilo que já foi denominado (por Jeffrey Herf) "modernismo reacionário". Entretanto, quando se fala nesses termos em "reacionário" a referência mais direta seria aquilo que ideólogos alemães (como Hans Freyer) definiam como "revolução pela direita". Esta, contudo, significa mudança e não mera reação. Convém lembrar que o fascismo utiliza para seus fins meios conservadores mas nada tem de reacionário, e é dessa ambiguidade que retira parte de sua atração para grupos sociais perdidos e atemorizados entre a mera continuidade e a mudança.

Até aqui ainda podem ser encontradas semelhanças entre aquelas condições europeias e aquilo que se vem configurando aqui. Entretanto, uma diferença patente pode ser detectada. Trata-se da ênfase fascista na nação como referência política e como valor, num nacionalismo extremado. Nada disso se encontra no Brasil presente, com uma agravante básica. Enquanto no fascismo clássico a autonomia nacional é desiderato fundamental, o padrão autoritário brasileiro é marcado pela subordinação a forças externas bem definidas, centradas nos EUA. Isso desde o início complica a aproximação entre os dois padrões. Ainda mais quando o fascismo clássico tem um propósito construtivo, ao seu modo, ao passo que entre nós o arremedo de regime tem efeito destrutivo, ao seu modo também.

Convém, então, examinar melhor a natureza do fascismo europeu clássico. (Aqui a referência ao fascismo engloba tanto a ditadura italiana quanto o nazismo alemão). Para isso dois caminhos se oferecem. O primeiro consiste no exame centrado na dimensão institucional, com ênfase na composição e funcionamento dos aparelhos de Estado, na organização partidária, nos aparelhos de mobilização e repressão mediante terror, nas relações entre forças econômicas e o regime e assim por diante. O exemplo clássico disso é o estudo do caso alemão como "capitalismo monopolista totalitário" por Franz Neumann. Nele se procede ao exame do modo como o entrelaçamento entre forças econômicas e políticas no regime, longe de formarem uma unidade harmônica correspondem mais a uma espécie de caos organizado com condições limitadas de sobrevivência, bem longe do "Reino milenar" ambicionado por Hitler. Com efeito, a presença simultânea de caos e organização constitui uma das áreas centrais de tensão no funcionamento do regime, quando a organização, objetivo central do mando supremo, se revela somente factível mediante a manutenção dos cúmplices mais próximos e das entidades empresariais a eles associados em estado de constante conflito dependente de arbítrio. O essencial em Neumann é a explícita referência ao capitalismo, que tende a desaparecer na literatura posterior. A esse respeito ele tem formulação incisiva: "Qual é a força dessa economia [nacional-socialista]: poder, patriotismo ou lucro? Cremos ter demonstrado que é o motivo do lucro que desempenha papel decisivo. Mas num sistema monopolista não se obtêm nem se apropriam lucros sem um poder totalitário, e essa é a característica específica do nacional-socialismo".

O segundo caminho abre-se no após guerra, em especial a partir dos anos 1960, quando essa busca da especificidade dos casos alemão e italiano a partir do padrão de relações políticas e econômicas moldadas pelo peso dos grandes conglomerados industriais e financeiros foi sendo substituída por uma concepção mais "genérica", conforme o termo adotado pelos autores envolvidos. O fascismo clássico aparece nisso como caso particular de fenômeno maior, que transcende as fronteiras nacionais, e a dimensão ideológica passa a ocupar posição central. O passo inicial nisso foi dado em 1962 pelo historiador conservador alemão Ernst Nolte, que buscou por esse meio amenizar o caráter específico (e por esse meio a responsabilidade) do regime alemão, com especial ênfase na tese da similaridade entre nazismo e comunismo. Mais tarde, já nos anos 1980, a preferência por uma análise genérica do fascismo, já livre do "reformismo histórico" de Nolte (que havia suscitado polêmica na qual Habermas participou fortemente) ganhou o formato de orientação básica da pesquisa, ainda mais quando o colapso da Alemanha Oriental, a RDA, e a purga promovida em suas universidades pelos vencedores da Guerra Fria encerrou o ciclo de pesquisas estritamente marxistas na área.

Isso tudo ganhou impulso quando se formou o que foi denominado novo consenso na pesquisa, em grande medida graças ao trabalho do historiador inglês Roger Griffin. Consiste essa bem sucedida tese em dois pontos. O primeiro concentra-se na defesa daquela visão genérica e não somente pontual e restrita aos casos europeus clássicos, centrados no poder autocrático ditatorial, no Estado policial de terror generalizado, na violência, no racismo e homofobia militantes, na mobilização forçada da população e traços afins. Isso como condição para incluir na análise os casos particulares, de algum modo discrepantes entre si, de manifestação do fenômeno. O segundo e principal ponto alude àquilo que poderia ser tomado como o núcleo significativo que oferece ao fascismo sua estrutura específica, como concepção do mundo a ele subjacente em todos os casos. Tal núcleo consiste, segundo Griffin, na concepção por ele denominada "palingênica", ou seja, na ideia de que a sociedade está experimentando algo como um renascimento a partir das ruínas e da desmoralização. Uma regeneração, enfim. Para Griffin, tal ideia, que está muito presente no fascismo italiano e no nacional-socialismo alemão como regimes que se edificam a partir da graves crises após a guerra de 1914 a 1918, constitui o "eixo não eliminável" do conjunto. Neste ponto cabe uma referência comparativa à situação brasileira atual. Aqui, é no sentido inverso: a crise destrutiva não é dada previamente, mas é provocada pelas próprias operações do Estado, coisa a deixar Griffin intrigado.

Faz sentido, com efeito, assinalar essa concepção de saída da crise pela reconstituição do corpo político inteiro (difícil evitar a imagem do soerguer-se do Leviatã prostrado). É uma poderosa figura de retórica política, que entretanto só ganha pleno sentido quando associada a duas outras, às quais Griffin e seus seguidores dedicam menos atenção. Dentre essas uma é especialmente poderosa e poderia muito bem ocupar posição central, junto à primeira. Trata-se da ideia de pureza, com seu desdobramento na ideia extremamente aguda de purificação (da nação como "solo e sangue", da raça, do homem). Cabe registrar, a respeito, que a percepção da importância disso não se deve tanto a análises científicas, mas está mais presente em notável documentário cinematográfico sobre a Alemanha nazista, "A arquitetura da destruição". Esses dois componentes só ganham plena vigência quando impulsionados pela grande força motriz do conjunto, o ódio. Sendo dirigido, de modo geral, ao "poluidor", tal ódio ganha tanto em intensidade ao dirigir-se a qualquer coisa que ameace o duplo movimento da purificação e da regeneração que lhe confere a aura de sagrado, como em flexibilidade, ao multiplicar os casos possíveis de infração. É de se examinar melhor, de resto, a complexa dinâmica do ódio, da qual se valem figuras como Goebbels e ainda hoje os "estrategistas políticos" nele inspirados, como Steve Bannon nos EUA. Como princípio organizador do conjunto todo encontra-se a ideia de unidade, à qual se associam aquelas de povo e raça, pensadas como moldagem compacta de um ente harmônico e monolítico. Em registro periférico mas nem por isso insignificante esses temas também são evocados no Brasil, por exemplo quando no auge das investidas contra a então presidente Dilma Roussef surgiam insígnias como "o Brasil passado a limpo".

Aquele caráter de harmonia monolítica não significa, contudo, conjunto radicalmente indiferenciado. Significa a seleção autoritária daquilo que deve permanecer diferente (por exemplo, as distinções por gênero) em contraste com aquilo que cumpre integrar no conjunto, seja conforme o padrão tradicional, como unidade "orgânica" com laços naturais de tipo comunitário, ou "mecânica" pelo lado moderno, em que prevalece a coordenação (o termo alemão invoca algo como "equalização forçada") mediante estreitos laços entre os incluídos e rejeição ou, no limite, eliminação dos indesejáveis. Nesse ponto aquilo que há de sombrio no fascismo chega a seu nível mais fundo, quando os critérios tradicional e moderno se mesclam no tema mencionado antes, da pureza pelo ângulo da purificação. Em seu núcleo ideológico mais profundo, portanto, encontra-se a combinação paradigmática entre unidade e pureza. Por isso mesmo, combinada à ideia de regeneração a face oposta da ideia de pureza não se resume naquela de impureza, mas assume a forma da corrupção em sua acepção exata, como desgaste e degeneração, em contraste com a regeneração (e não como simples compra ou troca de favores, como sugere sua versão banalizada). Neste ponto encontra-se a oposição central nesse complexo ideológico, que é a relação entre degeneração e regeneração.

Levando-se ao limite a presente linha de argumentação temos, em suma, que a síntese da organização ideológica fascista, em especial em sua vertente mais elaborada nazista, consiste na ideia de unidade impoluta. Temos aí o núcleo de um complexo ideológico de extraordinária potência, a jamais ser subestimado, não apenas pelo seu caráter sintético e por isso mesmo suscetível de desdobramentos, como pela sua capacidade de penetrar, sob diversas formas, camadas profundas da psique daqueles que se encontram ao seu alcance. Não é fácil encontrar a estratégia adequada à desmontagem de aparato simbólico tão blindado contra quaisquer influências e tão capaz de gerar formas derivadas (basta pensar na polissemia de um termo como "corrupção"). Em termos sumários podemos identificar dois grandes núcleos ideológicos no período contemporâneo, ambos já se ressentindo do desgaste do tempo, porém robustos o suficiente para ultrapassarem seu momento exato. Pelo lado direito, a regeneração; pelo esquerdo, a revolução. O intrincado jogo entre esses dois polos marcou o século XX até o presente, quando a questão que se põe é a de qual o lado terá força (material e simbólica) e iniciativa para enfrentar antes o imperativo histórico presente, o de repensar o mundo e agir de acordo.

Constitui traço característico daquele regime, rígido nas ideias porém na prática amarrado por fios soltos que permitem em cada momento sua direção em um sentido ou outro pelos mandantes no topo, que a pureza invocada no cerne da amarração ideológica não seja tão obedecida nas relações de dominação efetivas. Assim, o mote anticapitalista e antiburguês não impede a estreita e crescente aliança com essas forças, como já mostrava Neumann. Do mesmo modo, na concorrência com as forças à esquerda já estabelecidas em partidos e sindicatos, não hesita em canibalizar nomes e símbolos dos adversários, como a saudação com o braço elevado, a cor de fundo na bandeira e, sobretudo, a referência aos trabalhadores no nome do partido. A mixórdia doutrinária no nome do partido alemão exprime bem a tática de confusão adotada. Trata-se de "partido nacional-socialista dos trabalhadores alemães", designação em que os qualificativos "nacional" e "alemães" são na realidade decisivos, mas vão de carona nas referências nominais, feitas para confundir. É significativo que não se fala de povo, tacitamente representado pelos trabalhadores, até porque a categoria povo não tem referência substantiva naquela construção ideológica, e sim ocupa a posição de mito fundante da unidade compacta da comunidade (termo central) nela invocada, sempre qualificada como “alemã”. É duvidoso, portanto, falar em “populismo”. Não por acaso o jurista fascista (mais por oportunismo do que por convicção) Carl Schmitt define a democracia com referência à unidade do povo, não só para distingui-la da fragmentação liberal como para cortar sua associação ao poder popular soberano na república. Claro que essa permeabilidade a interpretações oportunas ajuda a conferir uma certa flexibilidade às versões da matriz genérica que se vão desenvolvendo no período posterior ao clássico. Nesse ponto mais do que em qualquer outro as variações no modelo genérico são importantes. E é preciso reconhecer, por mais cuidado que se aplique à tese da relevância do modelo fascista ou neofascista ao caso brasileiro atual, que a sociedade brasileira vem-se revelando fundamente saturada desse impulso destrutivo. Com a agravante de que no seu interior há quem busque com afinco alvos preferenciais para seu exercício, com o que se aproxima do modelo clássico. Isso se dá na forma de um partido político, o PT (que, de resto, usa em sua bandeira a convidativa cor vermelha) e associações semelhantes. Um evento circunstancial embora significativo envolvendo aquele bode expiatório partidário oferece exemplo desse autoritarismo socialmente arraigado (conforme analistas como Paulo Sérgio Pinheiro vêm apontando há tempo). Trata-se de frase do então senador Konder Bornhausen quando o governo federal petista estava contra as cordas no caso do assim chamado “mensalão” (nome fantasia dado à acusação ao governo Lula-PT de corrupção mediante a compra de votos de parlamentares para projetos do governo), a partir de 2005. Seria preciso, afirmou ele, “acabar com essa raça” por 30 anos. Acabar com essa raça. Em sociedade como a nossa isso faz parte do vocabulário racista de extração escravista. Não obstante, remete ao mesmo padrão que o vocabulário nazista. Temos nisso constrangedor porém eloquente exemplo de afinidades insuportáveis, que nos adverte de algo fundamental. É que esse vocabulário fermenta sem trégua na sociedade.

Nesse ponto cabe assinalar uma distinção importante entre o fascismo clássico e a escorregadia variante autoritária em curso no Brasil. É que em nosso caso não temos a criação de algo novo, e sim a explicitação de algo de fato presente na sociedade, embora não de modo uniforme nela. Já no caso fascista clássico o impulso vai mais no sentido da exacerbação de traços supostamente encontradiços na sociedade, como a ânsia judaica de lucro ou o perigo vermelho. Cabe lembrar que a propaganda fascista, em especial na sua versão nazista, não inventava seus inimigos (judeus, comunistas e outros), só lhes reservava de antemão e sem chance de contestação qualidades que lhe eram convenientes. É preciso reconhecer, todavia, que a ideia de explicitação daquilo que já está dado em segundo plano, como no caso brasileiro, aponta para algo especialmente perturbador. Admitindo-se uma formulação drástica, se aqui pudermos falar de variante do fascismo clássico ela será sob vários aspectos pior que a original. Será mais arraigada e mais resistente à identificação e ao combate, devido ao seu caráter intrinsecamente dissimulado e, por isso mesmo, mais dependente de vigorosa atenção e ação no interior da sociedade. Não se recomendaria sem risco de sério embaraço procurar saber quem rotineiramente matou e torturou mais, a polícia política Gestapo e as tropas de choque SS na Alemanha ou órgãos policiais e milícias no Brasil. Melhor agir sem fazer contabilidade de vítimas. O ponto, aqui, é que se podemos falar de um forte traço parafascista entre nós ele não será encontrado diretamente nos aparelhos de Estado como foi na Alemanha e sim difuso na sociedade. Decisivo nisso é que ele se encontra em estado latente; pronto, assim, a vir à tona desde que condições propícias se apresentem (por exemplo, após as eleições de 2022). É possível, desde agora, ter uma medida daquela piora em relação ao fascismo clássico (que, convenhamos, só não soa ridículo agora por efeito do fato inominável do genocídio explícito). Isso é possível porque já temos como comparar nossa situação atual com a dos vinte anos ditatoriais (pouco menos do que o regime fascista italiano e oito anos além do regime bem mais radical alemão). O argumento, neste ponto, é que a diferença entre a situação atual e a ditadura aberta anterior é proporcional àquela que se poderia, ou poderá, observar entre a plena vigência daquilo que aqui se encontra latente agora e à beira de se tornar manifesto e o fascismo europeu clássico. O momento não é de luta contra o fantasma do antigo fascismo, que já ficou para trás. É de confronto com o outro regime à espreita entre nós, autoritarismo de direita em estado puro que se vai formando, tão brutal na ação quanto viscoso e fugidio na caracterização. Se o princípio prático do fascismo clássico consiste em tornar público e manifesto o regime correspondente, aquilo que se entrevê em nosso caso é uma espécie de jogo de espelhos, fiel ao princípio básico de "faz de conta". Nada corresponde ao que se anuncia, tudo é possível em segundo plano, e a mão do poder, pesada ou sorrateira conforme a ocasião, golpeia quem levar demasiado a sério as aparências, elas também ocasionais. Já houve quem previsse a ascensão ao poder no Brasil de figura tão caricata como destrutiva como Berlusconi na Itália ou mais, mal vislumbrando que para além de episódio acidental isso poderia assinalar a possibilidade de uma tendência a ser contida. O temor não é sem motivo. A figura de Berlusconi, pelo padrão de seu governo, centrado na figura do chefe em benefício dos interesses que lhe sejam afins e sempre equívoca quanto às suas posições, retrata uma tendência internacional que se aprofundou no período seguinte. Ele dá o mote para a extrema direita com relação às já frágeis instituições da democracia liberal representativa, ao mesmo tempo que se esmera em pulverizar as forças opostas. As diversas experiências em escala global demonstram que os danos assim causados são profundos e de longo prazo e, sobretudo, dependem para a sua neutralização da mobilização de segmentos da sociedade em apoio a esforços de reconstrução institucional.

Sempre se dirá, e com razão, que o fascismo em sua versão convencional foi vencido. Aqui, contudo, uma distinção já sugerida antes e da maior importância se impõe. Por um lado, temos a dimensão que podemos chamar de institucional, relativa ao modo de funcionamento do Estado em suas relações com a sociedade: basicamente, no caso fascista, os órgãos de controle e gestão de interesses, de legitimação pela propaganda e de mobilização contínua mediante terror. Pelo outro, temos a dimensão ideológica, que diz respeito à gestão das ideias correntes e das correspondentes modalidades de conduta. Vamos considerar que a primeira dimensão é mais propriamente política e a segunda tem caráter mais social. É visível ao primeiro relance que é relativamente mais fácil e com efeitos mais rápidos intervir na primeira (reescrever ou anular a Constituição, por exemplo) do que na segunda (eliminar convicções e condutas arraigadas ou criar novas, por exemplo; daí advém, em regimes autoritários, o recurso ao terror). Nos casos europeus clássicos derrotou-se a dimensão política, porém negligenciou-se, após alguns espasmos espetaculosos, o campo social como sede da cultura e da ideologia. No conjunto, o dado novo mais importante é que a dimensão institucional (que poderíamos também pensar como a hardware do regime) vem sofrendo desde meados do século passado mudanças importantes, que aumentam sua eficácia pelo lado soft (especialmente controles de informação e conduta por meios eletrônicos). Isso permite dispensar parte crescente dos instrumentos pesados de consolidação e continuidade do regime (violência física aberta, substituída pela psíquica ou simbólica, por exemplo). Ao mesmo tempo aumenta a importância da dimensão ideológica, que se beneficia diretamente dos avanços tecnológicos e da pesquisa científica (inteligência artificial, por exemplo) na área leve de operação do regime. Tudo isso abre o caminho, na ausência de tendências contrárias e resistências fortes, para formas sempre novas de autoritarismo profundo de índole fascista, menos espetacular, menos ruidoso e menos sangrento, porém muitas vezes mais eficaz do que nos exemplos históricos. Nessas circunstâncias transferem-se para as áreas mais leves os embates próprios à polarização social e política, transferindo-se a batalha pelo controle das ruas para a disputa pelo acesso e controle da comunicação digital, sempre com vantagem para o lado mais agressivo e capaz de mobilizar os militantes de novo tipo, equipados para assegurar a comunicação própria e obstruir a do adversário.

Isso significa que a referência à derrota dos regimes fascistas clássicos deve ser qualificada. Derrotou-se, sim, o lado institucional do regime. Isso, entretanto, não envolveu sem mais a eliminação de sua vertente social, como de resto as décadas seguintes sugeriram fortemente. A concentração de poder de controle é um fato a ser enfrentado com todos os meios. Isso não se fará só no embate direto com os órgãos estatais e com os quase inexpugnáveis bastiões das megacorporações. Exige igualmente o trabalho de formiguinha de corroer em todos os cantos as cordas que atam as pessoas aos seus "aplicativos" digitais de toda sorte e as tornam sujeitas a todo tipo de abuso. Uma ordem autoritária de cunho fascista parece à primeira vista algo que posto em marcha instala-se de modo rápido e irresistível. Todavia, a longa marcha pelas instituições abre caminho em meio viscoso, seja qual for sua orientação. O problema não é chegar primeiro, é implantar-se mais fundo, saber enfrentar o desafio do tempo. O fascismo em sua versão alemã voltava seu olhar para a questão do destino, daquilo que define o alvo final e estabelece as condições de seu alcance. Em sua versão italiana o enfoque é outro, com larga tradição visceralmente política desde Maquiavel. Está em jogo a oportunidade propícia à ação, que depende da capacidade de captar o momento certo e saber agir. Fatalismo do destino, oportunismo da vontade. Entre esses dois escolhos há amplo espaço para navegar, desde que o uso da razão permita desenhar a rota em bons mapas.

Fundamental, contudo, é que a resistência à consolidação de formas persistentes de dominação autoritária é possível, desde que se combine o desmonte de seus arcabouços institucionais com a reforma de seu legado obscurantista, com golpes precisos por um lado e persistência tenaz no outro. O caso paradigmático é o alemão (considerando-se, pelo que tem de advertência e de aconselhamento, somente a Alemanha ocidental RFA, com perfil capitalista e liberal-conservador, pois a RDA oriental, socialista e autoritária, exigiria análise à parte). As primeiras e espetaculosas providências para eliminar o nazismo sem deixar traços mal serviram para ocultar a dificuldade para resultado tão radical. Muitos ex-militantes menos salientes do movimento permaneceram em seus cargos públicos (ou ficaram à vontade nas megaorganizações empresariais, em especial em suas filiais sul-americanas), até por efeito do acirramento da guerra fria, em que os dois lados se fitavam com olhar paranoide e preferiam fechar os olhos para muita coisa. O essencial, entretanto, diz respeito ao que de fato foi feito. Contra fortes sinais de indiferença ou mesmo de hostilidade de remanescentes entre os vencidos, um vigoroso movimento de "reelaboração do passado" foi realizado desde os anos 1950 por agrupamentos e partidos da oposição ao conservadorismo da era Adenauer e por intelectuais eminentes, muitos deles retornados do exílio. Tratava-se de enfrentar com coragem cidadã o que havia sido feito e criar por todos os meios um ambiente de reflexão e reeducação antifascista, em empreendimento modelar. Não houve milagres, claro, e todos os envolvidos no fundo sabiam que estavam desencadeando um processo de longo prazo, de duas gerações no mínimo, e em terreno minado. É verdade que mesmo os mais engajados entre eles em várias oportunidades foram tomados por descrença na possibilidade de se lançarem numa sociedade com tantas marcas autoritárias como a alemã os alicerces da efetiva cidadania, sem os quais todos os demais esforços de fato seriam em vão. Na atmosfera daquele período esse sentimento fazia sentido. Entretanto, vistos a um pouco mais de duas gerações torna-se mais fácil reconhecer que, com todas as suas insuficiências, essa tentativa de intervenção em registro democrático não passou em branco e propôs questões e procedimentos a serem levados muito a sério aqui e agora. O que se fez no caso alemão, contudo, não tem similar em outras sociedades e jamais seria feito sem a vigorosa ação desses núcleos combativamente democráticos, que não recuavam nem mesmo diante de exageros de seus aliados.

Esse é um caso exemplar de ação adequada após ocorrer o desastre. Em sociedades menos traumatizadas (por enquanto) o exemplo está dado. O combate efetivo contra o autoritarismo também em suas formas extremas tem como palco a sociedade e como adversárias as formas muitas vezes dissimuladas e fugidias de preconceitos rancorosos. No descuido disso acaba se revelando insuficiente a mudança institucional e mesmo o julgamento de culpados. Essa experiência ensina que ação de cunho democrático não consiste em anular ou esquecer o passado num golpe, mas em levar a sério a realidade da memória, saber enfrenta-la sem medo e sem rancor. A primeira e mais árdua tarefa dos antifascistas alemães foi precisamente honrar a dignidade da memória. Pouco adianta insistir no repúdio ao fascismo italiano ou alemão após sua derrota e em seguida varre-los da memória como tarefa cumprida. Ela mal começou. O desafio consiste em construir o terreno para a formação de cidadãos no lugar de seguidores de lideranças. O que aqueles democratas sabiam é que o prazo para tanto é longo e que por isso mesmo é preciso começar logo. Nunca mais campos de extermínio tipo Auschwitz, propunha como lema um intelectual fortemente engajado naquele esforço. Talvez aqui logo possamos vir a dizer, contra formas políticas análogas às fascistas ou piores, nunca mais Bolsonaro, com tudo que essa figura representa de explicitação do tão persistente lado sombrio de nossa sociedade.

II

CONTRAPONTOS

FLORESTAN E O ESTILO DEMOCRÁTICO DE VIDA

1. RADICALISMO PLEBEU

Em 1945, o jovem Florestan Fernandes escreveu um texto que viria a ser um dos artigos mais lidos da fase etnológica de sua carreira. Relatava ele a vida fragmentada do indígena bororo Tiago Marques Aipobureu, caso exemplar daquilo que a literatura sociológica da época denominava homem marginal, situado entre duas culturas, a própria e a urbana, sem pertencer a nenhuma delas, em idas e vindas que só acentuavam os seus dilemas.

Para Florestan certamente era um desafio o exame do trajeto daquele homem que deixou seu mundo de origem para ficar à margem do mundo urbano que procurou, para retornar à origem e ver-se, de novo e em dobro, à margem do mundo do qual saíra. Nele realiza-se em grau extremo aquilo que um discípulo rebelde de Florestan, Octávio Ianni, comentou a respeito de colega no mundo acadêmico. "Ele saiu daqui e foi para lá. Mas, parece que sua alma não está nem aqui, nem lá". A presença impossível, a saída impossível, o retorno impossível. Não há volta à condição anterior, tampouco há requisitos suficientes para dinamizá-la (para usar expressão predileta de Florestan) ao retornar. Entretanto, não é o mesmo Tiago no início e no fim do périplo. Falta-lhe precisamente o mais difícil, aquilo que inadvertidamente buscava, tornar-se sujeito da própria vida.

O aspecto pungente da situação de Tiago consistia em ele não ser apenas um bororo marginal no mundo dos brancos, mas sim, tendo retornado ao seu mundo social de origem, ter-se convertido em marginal no seu próprio povo. É nessa trama de referências culturais cruzadas que ele é levado a sempre procurar sua alma do lado errado. Dificilmente essa experiência da busca de identidade nos interstícios de dois mundos terá deixado indiferente o jovem cientista em formação, quando ele próprio procurava o seu lugar em condições difíceis, marcadas pelo timbre de sua origem pobre, que não o impediu de fazer valer seus excepcionais dotes graças ao apoio da inquebrantável mãe e do generoso cuidado de pessoas em posição social semelhante à dele. Aqui, porém, já podemos encontrar traços básicos da trajetória que Florestan buscaria imprimir à sua vida, tal como se exprimiria na sua produção intelectual e na sua inserção na vida pública.

Naquele texto de Florestan sobre um homem em busca de sua identidade pode-se discernir um traço que raramente assomava em sua escrita disciplinada e severa: uma profunda simpatia humana pelo personagem, tal como somente se repetiria nos retratos da vida de populações negras perdidas entre a escravidão despótica e a liberdade afrustrada, em sua obra sobre a integração do negro na sociedade de classes. Longe, todavia, de espelhar-se de algum modo no dilaceramento do seu personagem, Florestan parece ter encontrado nesse objeto de pesquisa, como depois saberia encontrar em tantos outros, uma advertência, um desafio e um programa de trabalho. A advertência seria contra qualquer incorporação autocomplacente das vicissitudes da própria biografia na conduta efetiva na vida. O desafio consistiria em dinamizar (para usar um dos seus termos prediletos), em preencher criativamente de energia as formas de percepção do mundo e as alternativas de ação que sua experiência própria iria descortinando. O programa de trabalho, finalmente, se traduziria na resolução de, confrontado com alternativas que se apresentassem como exclusivas e que poderiam paralisá-lo na escolha desse ou daquele papel a ser desempenhado, optar sempre por preencher ambas, saturando-as (outro termo predileto seu) com significados próprios. Nenhuma concessão ao refluxo rumo à subjetividade, e sim busca insaciável de aprendizado e de sentido para a ação em tudo que o mundo lá fora oferecesse. Uma posição, em suma, visceralmente plebéia perante o mundo: enérgica, intransigente, sobretudo insaciável no empenho em captar, agarrar, apreender (outro dos seus termos) no pensamento e na ação tudo o que o novo mundo social lhe sonegava. Por detrás disso está aquilo que dará a marca distintiva ao trabalho de Florestan. É nesse mesmo diapasão que ele conseguiria organizar, mais uma vez de modo criativo, enérgico e voltado para a saturação dos conteúdos, a sua percepção sociológica e histórica do mundo, também nas grandes análises em nível macro a que dedicaria sua obra madura.

Essa passagem de uma visão pessoal socialmente condicionada para um programa de pesquisa ganha forma numa peculiar modalidade de absorção e criação conceitual. Esse mestre da reconstrução histórica vê o passado não como um fluxo, mas como um campo de oportunidades que numa configuração determinada se abriam à ação racional e consciente dos homens, assim como o presente é um campo de forças em pugna pela dinamização e efetivação de tendências estruturais, e o futuro é um conjunto de possibilidades suscetíveis, em grau que compete à análise avaliar, de intervenção com base nas condições presentes. Sobretudo, a referência ao passado jamais é feita nos termos de um jogo da memória (como em Gilberto Freyre, seu grande antípoda). É muito mais um inventário de obstáculos na construção do presente e na projeção para o futuro. Proust em um, Thomas Mann (de quem Florestan leu atentamente *José e seus irmãos*) em outro.

Na perspectiva de Florestan, é essencial a tensão entre as tendências objetivas no sentido da plena realização de um determinado tipo de ordem social (burguesa, competitiva, capitalista no caso brasileiro) e os obstáculos de caráter histórico e estrutural que se antepõe a isso. É naquela ordem que se localizam as forças sociais em pugna pelo controle dos processos que darão à sociedade a sua feição em cada etapa de sua história. A maneira que ele encontra para figurar esse jogo de forças na sua dinâmica própria não é a do embate puro e simples, mas a de relações que se movem em círculos, dotados ou não, quando "viciosos", de capacidade de desenvolvimento, formando circuitos abertos ou fechados. Essa tensão é criativa, opõe-se a quaisquer processos de mera acomodação adaptativa, coisa que constitui seu mais fundo objeto de aversão.

Conclui-se, portanto, que cabe a quem vem de fora sem o conforto de estar instalado de antemão no centro saturar as relações tensas entre as condições anteriores e os futuros cenários possíveis, para permitir a intervenção racional e não meramente voluntarista. Mesmo porque o caso de Tiago ajudou Florestan a apreender os dilemas do enfrentamento da vida social, passando pela pessoal, e como isso não se resolve mediante meros lances de vontade, ignorantes dos impulsos ocultos que a alimentam.

2. A MARGEM E O CENTRO

O negro recém liberto, escreve Florestan numa passagem do seu grande estudo sobre a tarefa histórica da integração do negro na sociedade de classes, vivia uma "dupla impossibilidade". Tudo se dava como se ele devesse "abandonar, subitamente, os traços culturais herdados da escravidão e contrair, prontamente, os padrões de comportamento valorizados". Revela-se, nesse passo crucial do seu trabalho, o núcleo temático que se encontrará, desenvolvido em registros muito diversos, ao longo do conjunto das suas obras. Dupla impossibilidade. Ou então, num dos seus termos prediletos, dilema. Enfim, algo que é simultaneamente exigido e obstado como requisito para a realização de certo padrão de organização da vida social. Difícil ao homem, na plástica formulação de Florestan, "sair da própria pele". O que, no caso, aplica-se literalmente àquele que encontra as condições mais adversas para entrar no grande palco social e cultural, o negro recém saído da escravidão. A pungência máxima advém de que, se é difícil para ele sair da própria pele é ainda mais penoso realizar a tarefa principal, sem a qual não tem como promover sua integração na sociedade mais ampla (ou seja, dar sua contribuição própria para o desenvolvimento do conjunto). Consiste ela no encargo prévio e maior de todos, a exigência paradoxal de primeiro entrar na própria pele, afirmar-se como negro, converter-se em interlocutor válido na sociedade e nisso abrir espaço para inserir-se nela como classe. Não há como sair plenamente, nem como entrar inteiro. Dilema em estado puro.

As duas tarefas encontram-se em relação tensa e nunca têm como se resolverem integralmente. Isso significa também, e aí temos outro ponto crucial: há obstáculos, e eles devem ser localizados para serem superados. À sua maneira Florestan retoma a obstinada posição de Galileu diante daquilo que, na linguagem usual na sua época, seria a "resistência à mudança". Move-se sim, eppur si muove. Tudo parece conspirar contra, mas o mundo se move, as pessoas se transformam, mudam suas "personalidades-status" (outra expressão muito sua).

Para captar processos como esse é preciso reconstruir toda uma cartografia, na qual as posições indicam pontos de passagem e as linhas mais fortes representam limites. E uma cartografia singular, porém. Tudo parece bem marcado e definido, mas o olhar mais atento permite ir além do mero traçado. Revela mudanças em múltiplos registros de tempo, desde processos multisseculares até aquelas configurações em que se faz necessário surpreender a emergência de condições novas na vida social "através de instantâneos e de situações fugazes, nos momentos mesmos em que se constituem". Essa notável passagem encontra-se, quase oculta, no livro sobre a integração do negro.

A atenção de Florestan concentra-se em manifestações da dinâmica interna do conjunto social, conglomerados vibrantes de linhas de força presas naquilo que, na sua linguagem, é um dilema sem solução cabal. Consiste ele na alternativa, dada para cada "polarização" (em sua linguagem) entre projetar-se sobre a outra e perder definição, ou buscar definição e tornar-se indiferente à outra, perdendo eficácia social. O jogo social apresenta múltiplos casos de dinamismos desse tipo, em que exigências contraditórias se fazem valer simultaneamente, numa espécie de duplo vínculo, de double bind em grande escala.

A reconstrução analítica da sociedade por ele feita é sempre muito atenta à localização das posições e às relações entre elas. Mas não se esgota nisso. Remete imediatamente às normas de conduta associadas a cada posição e, por essa via, a agentes específicos e a específicas qualificações e destrezas sociais, necessárias ao seu exercício. A exploração sistemática dos recursos oferecidos pela relação entre posição e papel permite ir além de uma espécie de sociografia, para chegar aos impulsos dinâmicos que animam as relações no seu conjunto. Não admira, pois, que em Florestan estrutura e dinâmica sempre venham juntas. Nas mãos de um sociólogo corriqueiro a referência a posições e papéis é o que há de mais primário. Nas mãos de um virtuose, leva longe. A razão disso, em Florestan, é que ele sabe combinar isso com dois recursos conceituais que elaborou e de que se vale intensivamente na análise. Primeiro, ele dá especial importância àquilo que chama de "impulsões". Refere-se isso ao empuxe dinâmico gerado pela energia psíquica socialmente mobilizada no desempenho de papéis. É o uso intensivo dessa referência básica que lhe permite reconstruir processos enquanto processos, sem ficar enleado em combinações estruturais de posições. Segundo, ele busca continuamente identificar os modos como os complexos sociais são saturados de significado por agentes específicos e de acordo com impulsões próprias.

É igualmente por isso que ele vê o desempenho de papéis como tarefa, mais do que como mera satisfação de normas dadas; tarefa formadora dos próprios agentes que dela se incumbem. Disso resulta uma concepção diferenciada de norma. Ela passa a ser vista muito para além de meras formas de controle social, agências de adaptação, e sim como porta de entrada na sociedade. A norma não é só restrição e comando. É oportunidade e promessa. Crianças, os seres na margem por excelência, têm seus recursos para chegar a ela, como Florestan não tardou a perceber. Isso, em seu caso, significava encontrar um estímulo para a reflexão, tornada pública na forma de artigo. E uma reflexão informada pelo exercício continuado da imaginação sociológica, como diria seu análogo norte-americano, aquela figura com quem ele teria fortes afinidades teóricas e práticas, Charles Wright Mills. Nesse específico episódio, a observação de passagem, inteiramente acidental no bairro paulista do Bom Retiro (embora nele, como em todo sociólogo por vocação, nenhum observação fosse acidental) de crianças brincando na rua e inventando seu mundo com suas regras próprias de conduta, o leva a escrever uma peça característica de sua produção, uma dos esteios da sua concepção de norma social.

A norma envolve, para além do seu mero cumprimento, técnicas de participação. Nesses termos a organização da sociedade não responde a concepção linear, estratificada, nem mesmo a figuração circular, mas, dinamicamente, a um circuito. Melhor, talvez, seria dizer espiral, movendo-se da margem rumo ao centro. Até porque o circuito não se completa, seu fechamento resultaria em paralisia, em plana e homogênea linearidade, espécie de entropia social. A exigência básica para a constituição de uma ordem social competitiva, sempre aberta a novos influxos, não é o equilíbrio adaptativo. Também não é, entretanto, o conflito sem mais, luta perene por tais ou quais recursos escassos, como na terrível, e realista, distopia weberiana. Sua dimensão é política, no sentido mais fundo do termo (retomando expressão clássica, formulada com todas as letras por autor que Florestan só teria como detestar, Tocqueville, a política como arte da associação). Trata-se da democracia, a perene e nunca completada busca da igualdade sustentada em direitos universais. É por isso que em Floresta a democracia não se esgota no plano da aquisição e gozo de direitos. Cidadão, para ele, é mais do que portador de direitos, ao modo liberal. Numa perspectiva radicalmente democrática, para ele o cidadão é portador de impulsões igualitárias, sem as quais todo o resto perde sentido, não se criam as condições para um estilo democrático de vida, para usar muito expressivo termo seu.

Poderíamos então completar as considerações apresentadas até aqui afirmando que a democracia é o fecho na constituição da ordem social competitiva? Certamente não, pois a própria ordem social competitiva não é fecho de nada. Ao invés, quando bem encaminhada é abertura para múltiplas travessias. O circuito não fecha nunca, os vazios não se preencherão definitivamente, não há como plenamente saturá-los. Enfim (e isso corresponde, creio eu, ao ponto em que o ímpeto em busca do conhecimento e da inserção no mundo em que vivia se enlaça em Florestan com seus impulsos e anseios mais íntimos), a travessia é sem fim, os vazios jamais se preenchem inteiros, não há como chegar à plenitude. Conclusão: só há, apesar de tudo, como lutar por ela, e para todos.

FAORO E A CRÔNICA DA TRAGÉDIA LIBERAL

Entre os grandes ensaios de interpretação da singularidade histórica brasileira, *Os donos do poder - formação do patronato político brasileiro* exibe de modo exemplar a figura paradoxal de obra "clássica". Por um lado, tende a transcender seu tempo de publicação. Por outro, encontra-se solidamente arraigado no momento histórico de sua composição, configurando nisso o caráter bifronte dos livros que permanecem. Certamente isso leva a uma polarização da recepção crítica, o que de resto só faz aumentar o interesse pela obra e pelo autor, Raymundo Faoro, advogado por formação e historiador e analista político por vocação, tudo isso desembocando em estilo peculiar de militância civil.

O livro traz o timbre de seu momento, também ao não estar isolado no ângulo em que se colocou para melhor caracterizar seu objeto. Faz parte de uma floração (para usar termo da época) de obras voltadas para o tema da formação, que surgiram na etapa final da década de 1950. Formação econômica do Brasil, formação da literatura brasileira, formação do Brasil contemporâneo, outros clássicos enfim, aos quais Faoro veio trazer sua interpretação da formação política brasileira. (Mesmo nesse nicho ele não estava inteiramente isolado, destacando-se mais pela eminência de seu trabalho. Para citar um exemplo, em São Paulo a injustamente esquecida Paula Beiguelman seguia via semelhante em seus estudos do período republicano).

Já aqui, contudo, desponta a originalidade da obra. Pois, se o título fala em formação, a forma é o grande problema da análise, ao invés de se apresentar como seu desenlace natural. Não tanto porque falte forma, talvez até porque a haja demais. O que há no cerne mesmo da interpretação de Faoro e desde logo lhe confere originalidade é que nesse livro nada há que se assemelhe ao relato da gradativa constituição de um perfil nacional com feição e mecanismos próprios. É mais propriamente a crônica de uma deformação ou, mais precisamente, de uma má formação que nele se encontra. Nada da gradativa proporção e sincronia das partes de um todo harmonioso. É o extemporâneo e o desconexo que absorvem a atenção e suscitam a questão decisiva: não a de como isso ganhou forma e sim o segredo da persistência daquilo que Faoro, citando Toynbee, designa como "monstruosidade social".

Antes de formular aquilo que o próprio Faoro chama de enigma e tentar reconstruir a resposta para a qual sua análise aponta, é tempo de expor alguns traços centrais de seu argumento. Para Faoro o entendimento do Brasil contemporâneo (e isso se aplica tanto a 1958, data da primeira edição do livro, quanto a 1975, na segunda edição muito ampliada, e a 2001, na terceira edição revista, e por certo também agora, no cinquentenário da obra) só é possível se atentarmos para uma matriz histórica localizada em Portugal, um século e meio antes de suas naves aportarem nesta terra. Essa matriz marca o descompasso na história portuguesa e assinala uma solução peculiar para ele. Em Portugal, desde a ascensão ao poder da dinastia de Avis com dom João I em 1385, uma simbiose entre os interesses da realeza e do comércio abre espaço para um poder estatal centralizado com base econômica na propriedade privada, de tal sorte que o embrião de Estado nacional torna-se moderno quando ainda ninguém o era. Mas isso se dá de maneira muito própria, que lhe custaria ver sua precoce modernidade se converter em persistência fatal, em multissecular repetição da mesma estrutura com conteúdo diferente, numa espécie de fixação neurótica histórica. De precoce sua singular modernidade se converte em senil sem tirar proveito de sua efêmera glória juvenil na época pioneira expansão ultramarina. O segredo da precocidade lusa consiste na peculiar amálgama que ocorre quando a reconquista do território do domínio mourisco e a incorporação de vastas extensões de terra ao tesouro real - vale dizer, do rei, que assim se equipa para o exercício de um poder de caráter patrimonial, em que a fazenda pública se confunde com a propriedade do mandatário maior -, associada à expansão comercial, que, com o decisivo apoio do novo Estado, lança as bases para o grandioso empreendimento das navegações na exploração de terras distantes. É isso que permite a Portugal dar o salto para a centralização do poder político num Estado empreendedor comercial, quando no resto da Europa o rumo da história seguiria outra via.

Essa outra via consistia no sistema feudal, da partilha do poder entre suserano e barões, que só seria desmontada com o desenvolvimento do capitalismo em sua vertente industrial, que passa pela consolidação dos estados nacionais no lugar da descentralização feudal. Portugal se adianta na centralização e abre o caminho para um capitalismo de perfil comercial e orientado a partir do centro do poder, de cunho político portanto. Isso, todavia, significou cortar o caminho para a plena constituição de um capitalismo orientado pela sua lógica própria de mercado, ao invés de pautado pela gestão estatal. Como mais adiante sugere Faoro com relação ao período subsequente à independência brasileira, a nova condição nacional se exprime na internalização, não do mercado, mas da substituição entre metrópole e colônia por aquela entre Estado e nação - vale dizer, entre a associação parcial que a partir do Estado rege o conjunto e a sociedade como um todos, conferindo ao Estado feição gestora de índole mais parasitária do que produtiva.

O fulcro da argumentação de Faoro com relação à nova forma da matriz histórica da sociedade brasileira, remota porém persistente em seus efeitos estruturais, encontra-se, pois, na recusa da tese de que Portugal e por extensão o Brasil tenham conhecido o feudalismo. Essa posição já foi interpretada como mera polêmica em relação aos participantes de uma bibliografia de fonte marxista, que entendiam ser inadmissível a passagem para o capitalismo sem a etapa feudal. Isso simplifica ambas as posições e negligencia o fato de que da demonstração da inexistência do feudalismo nesses dois casos dependia toda a posição analítica de Faoro. Pois é apenas com base nisso que ele ganha condições para identificar a natureza da estrutura social e, por extensão, política que aqui se constitui, a partir de Portugal.

Na ausência de corpos intermediários dotados de autonomia política como os feudos, a experiência histórica portuguesa se dá mediante um desdobramento peculiar da forma patrimonialista de organização do poder. Nesta, o mandatários detém a propriedade da riqueza e governa mediante funcionários que são extensão da casa. A revolução de 1385 em Portugal nem concentrou tudo na figura real nem assegurou o poder de uma classe (que no caso seria algo como uma burguesia comercial). Embora comerciantes e financistas tivessem se beneficiado, um novo ator emergiu para ocupar posição vantajosa na estrutura social e de poder que se constituía: a dos peritos nas leis e nas técnicas de mando. Associados num grupo que se revelava indispensável ao governo do rei-proprietário, seus integrantes assentavam as bases para a moldagem de um ente social capaz de se reproduzir indefinidamente, mediante a aplicação de um princípio de aglutinação interna e diferenciação externa consoante uma concepção de honra associada ao pertencimento ao grupo. Temos nisso um caso daquilo que Faoro, seguindo Max Weber, denomina estamento (melhor seria adotar o termo "grupo de status", mas a designação "estamento" já se firmou). O ponto decisivo, porém, é que esse grupo estamental, que só admite no seu interior quem compartilhe seu princípio ;básico enquanto pode admitir qualquer um que o faça, assume um caráter peculiar nessas circunstâncias. É que, se em suas características próprias o estamento é uma forma de associação estritamente social, ao dizer quem está qualificado a se associar com quem, nas condições históricas descritas por Faoro ele assume o caráter de instância politicamente dominante, ao se apropriar das condições de mando e gerar mecanismos para reserva-las. Mais do que isso, na medida em que se vão diferenciando as funções de gestão, esse peculiar grupo estamental se amolda às novas exigências. Destarte vai ganhando o caráter que, no entender de Faoro, define a base social do exercício efetivo do poder na sociedade brasileira dos primórdios até o presente. Ele o faz ao assumir caráter burocrático, mediante a incorporação dos traços de um órgão voltado especificamente para a gestão. Ocorre que o termo "órgão" não é bom nesse contexto, pois o estamento traz em si o poder de mando, não o exercendo para outrem senão na subordinação formal ao mandatário supremo, seja ele qual for. É isso que lhe permite a relativa independência da sociedade pela qual adquire poder sobre ela, embora na verdade dela faça parte.

O estamento sem mais seria apenas a face social da constituição de um grupo aglutinado em torno de específica concepção exclusiva de honra. A burocracia sem mais seria mero aparato de poder controlado pelo mandante, conquanto indispensável à gestão. O princípio da conduta ajustada com esmero ao modo de vida coletivo e o princípio da eficácia na organização das necessidades coletivas, ambos a serviço do mandante maior. A combinação dessas duas coisas cria um ente de certo modo monstruoso, que ao mesmo tempo bloqueia a organização do poder central e a da sociedade a ele submetida. O estamento burocrático atua fundamentalmente no interesse de sua perpetuação. Mas, sendo ele próprio ente político, sua ação se volta para assegurar o padrão do poder central no qual está incrustrado. O tema aparece repetidas vezes na análise de Faoro. Assim, na abolição do regime de trabalho escravo o estamento se empenha em "restaurar o poder sem renová-lo"; ou então, na República, ainda na hora derradeira ele tenta "salvar a monarquia, nos moldes tradicionais" e, se não o consegue, logra frustrar as reformas liberais mais consequentes. Ao examinar o funcionamento do sistema político no Império, Faoro comenta que ele "assenta sobre a tradição, teimosa na sua permanência de quatro séculos", embora ela não se alimente "apenas da inércia, senão de fatores ativos, em movimento e renovação, mas incapazes de alterar os dados do enigma histórico".

Enigma histórico. É isso que se trata de desvendar. O primeiro passo, na análise de Faoro, consiste em identificar o agente nessa configuração enigmática. "Sobre as classes que se armam e se digladiam, debaixo do jogo político, vela uma camada político-social, o conhecido e tenaz estamento, burocrático nas suas expansões e nos seus longos dedos". E, nesse ponto importante de sua análise, Faoro recorre às palavras de participante oitocentista naquele jogo e autor em que encontra apoio. "Os erros administrativos e econômicos que afligem o império não são exclusivamente filhos de tal ou qual partido que há governado: não, constituem um sistema seguido, compacto, invariável. Eles procedem todos de um princípio político afetado de raquitismo, de uma ideia geradora e fundamental: a onipotência do Estado, e no Estado a máquina central, e nesta máquina certas e determinadas rodas que imprimem movimento ao grande todo". É em Tavares Bastos que Faoro vai buscar essas palavras, revelando nisso um componente de sua linhagem de pensamento (para examinar conceito de atento leitor seu, Gildo Marçal Brandão, para quem Faoro pode ser lido como um "grandioso prolongamento" de Tavares Bastos em outro contexto). Faoro, aliás, é avaro em elogios ao longo de sua opulenta obra, repleta de análises por vezes minuciosas entremeadas por sínteses cortantes. No máximo deixa entrever sua afinidade com personagem ou autor ao trazê-lo ao primeiro em passagem central da argumentação, como ocorre nesse caso. Uma única exceção: Joaquim Nabuco, "o mais alto espírito brasileiro, o homem que melhor conheceu o seu país". Temos aí um pouco das referências que nortearam suas análises.

Desde o lançamento do livro é voz corrente que a análise de Faoro deve muito a Max Weber. É verdade, de maneira que comentarei em seguida. Deve, porém, outro tanto a Montesquieu (esse precursor de Weber em pontos importantes, como já lembrava Cassirer). Pois é um pouco o "espírito das leis" em sua versão luso-brasileira que está em jogo, o princípio mais fundo que as rege. Nessa vertente pode-se derivar sua referência ao "espírito" (termo que acolhia com desconfiança no modo como era utilizado em sua época, mais como uma espécie de "alma" que infunde a coisa do que como princípio organizador no plano da sua lógica interna) do capitalismo que se gesta no Brasil. Não é o capitalismo racional moderno que está em jogo, porém a sua antiga vertente política, que abomina e mantém à distância o novo. Montesquieu, na verdade, é mais uma referência negativa, embora ajustada ao objeto de atenção de Faoro, como ancestral que é da doutrina da "liberdade sem a democracia" e do "liberalismo fora da soberania", que, na trilha de Benjamin Constant, viria a dar no Poder Moderador imperial na primeira hora do Brasil independente.

Não é possível, todavia, deixar de lado a poderosa presença intelectual de Max Weber, autor que Faoro estudou muito e conhecia como poucos, até porque nele enxergava mescla afim à sua própria, de formação jurídica com historiográfica (esta de caráter informal). Atenção, contudo: não estamos diante de obra "weberiana", seja o que isso signifique, como de resto o próprio autor adverte. Se Faoro extraiu algo de sua condição "provinciana", foi a orgulhosa independência intelectual. Ele faz uso de Weber à sua maneira, embora certamente reconhecesse que as categorias históricas que adotou no núcleo de sua análise – patrimonialismo, capitalismo politicamente orientado, estamento, burocracia e sua síntese singular no estamento burocrático – devem muito a ele. Faoro trabalha com o instrumento analítico que Weber denominou tipo ideal. Com restrições, embora, pois dele só faz uso da capacidade de caracterizar com nitidez o objeto, sem se preocupar com o outro passo, que seria o estabelecimento de comparações entre tipos com vistas a traçar diferenças significativas. Há, contudo, um aspecto central na análise de Faoro que evoca, de modo surpreendente talvez, um ponto pouco explorado no esquema de Weber.

Faoro usa seguidamente a imagem do estamento burocrático como molde ou revestimento que recobre a nação, tolhendo seus movimentos aquilo que, conforme uma de suas expressões, seria o "abraço sufocante da carapaça administrativa". Na realidade, ele usa duas fórmulas. Uma é a da supremacia sobre as classes e o conjunto da sociedade. A outra invoca o invólucro asfixiante, reforçada pela ideia do "congelamento" estrutural. São complementares: uma diz respeito à dimensão propriamente estamental, a outra concerne à dimensão administrativa, burocrática. Somadas no estamento burocrático, tolhem a sociedade de ponta a ponta em seu avanço para a capitalismo competitivo moderno e o regime político liberal-democrático. O ponto essencial, em que se encontra a chave para a solução do enigma histórico exposto em *Os donos do poder*, é a questão da rigidez, do caráter inelástico da estrutura de poder. E aqui podemos invocar Weber, por um ângulo que Faoro não chega a explicitar, mas que não lhe terá passado despercebido em sua leitura de *Economia e sociedade* (até porque, no essencial, se encontra no capítulo daquela obra sobre "feudalismo, estado estamental e patrimonialismo"). É que Weber tira amplo proveito da ideia de "estereotipagem" de relações sociais no interior de formas de exercício do poder, associada ao contraste entre a rigidez e elasticidade das relações. Com efeito, quanto mais estereotipadas – vale dizer, regularizadas e padronizadas – estão as relações, mais o conjunto delas se torna rígido, no sentido de submetido a restrições, no limite (que corresponde às formas sociais mais "modernas") mantidas por regulamentação legal. A tendência histórica, nas sociedades ocidentais pelo menos, consiste em passar do mais elástico ao mais rígido – que corresponde, também, ao mais previsível e, nessa linha, ao mais racional. Nesse ponto, entretanto, encontramos uma espécie de paradoxo na argumentação de Faoro, que ele próprio resolverá. É que ele reiteradamente sugere que o grande problema da presença histórica do estamento burocrático reside na rigidez que ele impõe ao conjunto da sociedade e nos empecilhos à inovação nisso envolvidos. Entretanto, se bem examinarmos a sua argumentação, veremos que não se trata de excessiva rigidez, mas, em certo sentido, do contrário: de uma forma peculiar de plasticidade. Como diz Faoro, o estamento burocrático serve de molde ao conjunto de relações econômicas e políticas. Com isso fica claro que ele se refere ao revestimento, ao envoltório da sociedade: à forma, em contraste com o conteúdo. Nisso ele já revela afinidade ao esquema analítico de Weber nas análises macro-históricas, em que as formas assumidas pelos conteúdos sociais, pelas ações dotadas de sentido para os agentes portanto, merecem tanta atenção quanto a variedade daqueles conteúdos. A forma historicamente assumida pelo conjunto de ações econômicas e políticas na sociedade brasileira, como já na portuguesa, é então estamental-burocrática e em nenhum momento feudal.

Nesse ponto nos aproximamos de um contraste decisivo. É que, bem vistas as coisas, a forma estamental-burocrática tem efeito asfixiante sim, mas não por ser demasiado rígida e sim por aquilo que, à falta de melhor termo, designarei como resiliência (em Faoro o termo não aparece). Submetida a pressão ela cede, para em seguida reassumir a configuração original. Daí sua eficácia, e daí também sua capacidade de resistir ao avanço do capitalismo moderno. Pois ele foi bem sucedido em seu avanço quando seu obstáculo era o feudalismo, um sistema que, como mostra Weber, é menos elástico, tem menor plasticidade do que o de raiz patrimonial, até porque esse último depende menos de relações de dependência e lealdade com o poder central. É por isso que a demonstração de que nem em Portugal nem no Brasil jamais houve feudalismo é tão importante para Faoro. O contraste é claro para ele. Submetido ao impacto do capitalismo o sistema feudal, de feitio rígido, se estilhaça; mas não ocorre o mesmo com o sistema estamental-burocrático, capaz de acomodação e compatibilidade enquanto resiste a mudanças de forma. "Característico principal, o de maior relevância econômica e cultural, será o predomínio, junto ao foco superior de poder, do quadro administrativo, o estamento que, de aristocrático, se burocratiza progressivamente, em mudança de acomodação e não estrutural. (...) O caminho burocrático do estamento, em passos entremeados de compromissos e transações, não desfigura a realidade fundamental, impenetrável às mudanças. (...) A compatibilidade do moderno capitalismo com esse quadro tradicional equivocadamente identificado ao pré-capitalismo é uma das chaves da compreensão do fenômeno histórico português-brasileiro". Não desfigura. A "monstruosidade social" não é uma deformação, antes é forma resiliente, obstinada, persistente, apesar de todas as deformações momentâneas, que se resolvem em acomodação e compatibilidade na figura da "conciliação". A chave do enigma, portanto, está na resiliência da forma patrimonial, em contraste com a rigidez feudal, que Portugal e Brasil não conheceram, e que obsta o caminho para a modernidade econômica e política.

Por vezes censura-se Faoro por fazer incidir sua crítica sobre o Estado como o epicentro dos problemas nacionais, como se, ao cabo de sua análise, fosse levado a converter-se em defensor de algo como o Estado mínimo, num liberalismo exacerbado. O problema de Faoro, contudo, não é o Estado, e sim a natureza que ele assume nas condições históricas brasileiras. É a forma do Estado que absorve sua atenção, mais do que seu caráter institucional. Mais precisamente, a dificuldade senão impossibilidade histórica do Estado racional liberal-democrático, enleado (é bem isso, mais do que sufocado) como está na forma estamental-burocrática. A questão de Faoro passa por uma de suas imagens, a de verter vinho novo em odre velho: como liberar conteúdos novos em moldes antigos? E, por extensão, claro: como construir moldes novos? Bem vistas as coisas, esse tipo de questão perpassa todo o grande pensamento social brasileiro no século XX, em formulações e perspectivas diversas. A originalidade de Faoro não consiste em ver caráter problemático na sociedade brasileira em seu perfil e em seu desenvolvimento histórico, e sim no modo como formula a questão e na implacável coerência da argumentação que disso retira.

Faoro encerra o livro falando da "viagem redonda", imagem que reforça sua tese e lhe valeu ser censurado por ter produzido obra em tom fatalista, de acerbo pessimismo, como se o caminho já percorrido (se é que realmente houve percurso que não circular) constrangesse todos os trajetos possíveis, extremando aquilo que alguns chamariam de "path dependence". Isso, todavia, entra em choque com sua trajetória pessoal, que duas décadas após publicar *Os donos do poder* o levou a participar em posição de frente no combate ao arbítrio do regime militar, especialmente na condição de presidente da Ordem dos Advogados do Brasil - OAB entre 1977 e 1979, e a manter-se ativo como figura pública depois disso até a morte. Pessimismo da inteligência, otimismo da vontade, diriam alguns, evocando autor que ele certamente apreciava.

Há, todavia, na obra de Faoro um ponto (melhor seria melhor dizer uma linha, em toda a extensão) que suscita um prolongamento expressivo em sua análise. Consiste ele precisamente naquele tom trágico que a exposição vai assumindo até as imagens finais da "viajem redonda" e do "vinho novo em odres velhos" - vale dizer, do percurso frustrado pela implacável repetição da mesma via e do caráter vão de buscar verter conteúdos novos em recipientes desgastados e enrijecidos pelo uso sempre reiterado. Há som e há fúria no espetáculo que Faoro descreve, mas o trabalho efetivo, a transformação do recipiente junto com seus novos conteúdos, revela-se como de Sísifo. Conteúdos novos são possíveis, e a meticulosa reconstrução histórica empreendida por Faoro pode muito bem ser mobilizada para servir de enquadramento à sua identificação. Afinal, é dele mesmo a ênfase no caráter dinâmico do processo regido pelo estamento, em particular em passagem já citada acima e importante o bastante para merecer reiteração, pela poderosa síntese que exprime, quando fala de "fatores ativos, em movimento e renovação, mas incapazes de alterar os dados do enigma histórico". Entretanto, não é isso que absorve sua atenção. A ele importa a boa definição daquilo que obsta a mudança, mais do que seu dinamismo próprio e mesmo o sentido específico que ela venha a assumir.

Isso tem efeitos relevantes. Em primeiro lugar, indica que não há via linear para atribuir a ele mais do que uma posição liberal plena, infensa antes de tudo ao vezo cultivado pela análise política já no período em que ele escrevia com inspiração eminentemente clássica, de incorporação do modo econômico de pensar mediante a ideia central de mercado. Vale dizer, nada de ênfase na "escolha racional" e menos ainda hostilidade à figura do Estado, desde que democrático e bem organizado. Essa atenção aos obstáculos historicamente sustentados contra mudança importante permite entrever uma proximidade, surpreendente à primeira vista, entre Faoro e Florestan Fernandes. Florestan, contudo, é visceralmente radical, poder-se-ia dizer. Diferente de Faoro, que no entanto também se via assim. Ambos configuram casos modelares do alcance e dos limites de formas de pensamento voltadas para a transformação plena da sociedade por um lado e, pelo outro, a explicitação de potencialidades discerníveis em sua configuração dada, embora travadas (nunca inteiramente, porém, do contrário não haveria como compor o "ornitorrinco" de que falava o completo avesso do gaúcho Faoro, o pernambucano Francisco de Oliveira, de quem dificilmente se poderia esperar metáforas viniculas). Cabe aqui uma observação de mais largo alcance, quando ocorre a suspeita de que neste confronto se apresenta muito daquilo que caracteriza o pensamento radical entre nós. Forçando-se um pouco os termos, é como se em Faoro aquilo que Florestan designava como "autocracia burguesa" correspondesse à expressão mais acabada do “estamento burocrático”. Classe por um lado, estamento (ou “grupo de status”, expressão mais apropriada no caso) pelo outro. Pequenas aproximações, grandes distâncias. De imediato caberia argumentar que o horizonte de Faoro é o da constituição de um complexo político, econômico e também jurídico centrado em racionalidade não tolhida por práticas estamentais. Uma ordem liberal capitalista, enfim, pronta para se desenvolver livre de injunções. E talvez se possa mesmo acrescentar que nisso consista o cerne e o limite do liberalismo de Faoro, que almeja a junção entre razão e vontade livres, libertas ambas de entraves historicamente forjados.

Disso ele não abre mão, mesmo quando a reconstrução histórica e a análise do presente, tal como são construídas passo a passo sob a inspiração desse quadro conceitual e normativo o levam a um aparente beco sem saída. Sem saída por força da constituição histórica examinada ou em consequência do modo como ele sustenta sua posição básica? Em que ponto palpita mais forte o cerne da análise? (Melhor seria dizer diagnóstico, pois Faoro concentra sua atenção mais em dissecar o mal do que em propor terapias). O impulso da análise de Faoro ilustra ao seu modo o contraste gramsciano entre contemplação racional e energia volitiva. Nele ambas as posições se entrelaçam, quase como a ordem social estamental e a organização burocrática, em junção em que nenhuma se realiza por completo nem deixa espaço para a mudança que as libertaria. Nisso consiste a dimensão trágica do esforço de Faoro para desvendar o persistente enigma dos rumos da sociedade que temos. A expressão “trágico” tem aqui um significado amplo, ao não se referir à experiência de um personagem com perfil bem demarcado e sim a um conjunto de eventos que não têm como atingir o desenlace preciso e satisfatório no tocante à trama, não obstante o desenho nítido que ela oferece. Se aceitarmos a substituição do termo “trágico” por “destino” teremos uma razão realmente forte para aproximar essa obra de Faoro daquele autor a quem ele é insistentemente vinculado, Max Weber. Pois o que nela encontramos, em registro quase weberiano, é algo mais pungente do que mera análise de tema difícil, algo mais duro e resoluto do que a mera invocação daquilo que seria desejável quando comparado à realidade exposta. É a afirmação da insistente presença de um processo que se converte em estado de coisas e enfrenta quem busca conhece-lo com o desafio de no mesmo passo aceitar a realidade tal como se apresenta e afastar-se dela o suficiente para visualizar o campo de tensões e descompassos que lhe é próprio. Não para aceita-la sem mais, nem para rejeita-la, mas para abrir espaço para que se exponha, em terminologia inteiramente alheia a ele, o campo dos possíveis. Pois é de possibilidade de ação que se trata, mais do que não de moldura estrutural fechada. Nisso emerge um ponto problemático para ambos os autores, em que as afinidades e afastamentos entre eles se apresentam com toda a sua intensidade. Trata-se do complemento não manifesto do tema weberiano do destino, também em sua versão de Faoro, o da vontade. Em Weber a referência ao destino como aquilo que a análise revela como dado, como resultado enrijecido ("coagulado", diria ele em outro contexto) de múltiplas ações pregressas, conduz a uma constatação que escapa dos limites da situação dada. Traduz-se ela na convicção já externa à ciência de que, estando claro o destino, torna-se possível lidar com ele, vale dizer, confrontá-lo com lances de vontade. Em Faoro isso é menos manifesto, mas é possível sustentar que a linha mestra de seu pensamento é da mesma ordem, e que é nisso que podemos entrever a afinidade mais funda entre ambos, para além das questões de método.

Retorna aqui o tema gramsciano do pessimismo da inteligência e do otimismo da vontade, em ambos os casos temperado por dúvidas e hesitações. Tomando-se como referência Gramsci, Faoro não compartilha a visão sombria e no final voluntarista de Weber, sem no entanto seguir o caminho que o aproximaria do seu grande adversário, Marx. Fica a meio caminho, no campo de um liberalismo que se conhece dilacerado e que no entanto é a única referência possível para ele. Ou talvez possamos assinalar em Faoro uma versão brasileira daquilo que Maurício Tragtenberg, recorrendo a Lucien Goldmann, encontrou em Max Weber, o "o máximo de consciência possível" da burguesia, em sua vertente liberal no caso de Faoro. A tensa triangulação daquelas três figuras diz muito a respeito dos rumos e dos dilemas de uma versão, trágica à sua maneira, do grande pensamento político brasileiro. Nem reiterada presença do pretérito, nem irrupção do novo que nele se poderia entrever. É uma desafio, à espreita de quem levar a sério, como convém, essa obra provocante como poucas.

III

TEMPORALIDADES

TIMBRES E PULSAÇÕES

Em memória de Hermínio Martins

"Como caracterização geral do mundo moderno, da estrutura primordial do 'nosso tempo' ele permanece muito plausível, embora atualmente 'nosso tempo' pareça muito mais indeterminado, ambíguo, contingente do que parecia concebível há dez anos. Como uma vigorosa advertência das fortes e sob certos aspectos soberanas obrigações morais que se impõem a sociólogos e estudiosos no mundo contemporâneo, mantém sua validade". Estamos lendo Hermínio Martins, em seu sempre lembrado artigo de 1974 sobre "Time and theory in sociology". Quatro décadas após, esse texto mantém-se tão válido, na sua peculiar mescla de erudição, rigor reflexivo e atenção moral (e o mundo, tão indeterminado e ambíguo) quanto o livro de seu mestre Ernest Gellner a que se refere. Curioso, no caso, é que exatamente aquilo que mais interessava a Hermínio no trabalho de Gellner, que é a ênfase na ruptura temporal para caracterizar o mundo moderno, já não tem tanto peso no pensamento social contemporâneo e cedeu lugar a temas como o da multiplicidade. Nos anos 1970, entretanto, estávamos no momento de Bachelard, de Kuhn, de Althusser, enfim, na época daquilo que Hermínio chamaria de "cesurismo" para caracterizar a ênfase na descontinuidade e na ruptura. Descontado esse pequeno descompasso, o artigo convida à leitura com tanta força quanto na origem, no mínimo para nos fazer lembrar do arraigado vício na sociologia, de praticar uma espécie de cesurismo doméstico e continuamente agir como se o mundo tivesse que ser recriado do zero em cada década.

Quem ainda lê Parsons, perguntaria Spencer se tivesse oportunidade. Pois o severo exame crítico ao qual Hermínio submete a tese da incapacidade da análise estrutural-funcional de tratar da mudança e, por extensão, do tempo, sugere mais cuidado na avaliação. Na realidade, sustenta Hermínio, a negligência em relação à mudança em sociedades (em contraste com mudanças no seu interior) é mais nítida nas correntes microssociológicas que então se apresentavam como alternativas ao paradigma funcional do que neste. "O traço mais incisivo da situação corrente da teoria sociológica da nossa presente perspectiva é a manifesta ausência de preocupações temporais ou consciência histórica, ou pelo menos a ausência de qualquer 'salto quântico' visível no nível da teorização diacrônica comparada com o funcionalismo clássico diacrônico ou acrônico".

Pois bem, minha preocupação aqui, no esforço para fazer justiça ao texto de Hermínio, consiste em retomar seu cuidado com a dimensão temporal na análise social. Ainda que venha a seguir outros rumos, meu ponto de partida é aquele proposto por ele. A saber, que o cerne da dimensão temporal na análise social se encontra na teoria da ação. A diferença de Hermínio em relação às teorias da ação com perfil individualista consiste em que ele desconfia de teorias que, em contraste com a "teoria geral da ação" na sua versão parsoniana (embora ele próprio não a esteja advogando) propõem de algum modo a ideia da redutibilidade dos sistemas a modalidades de orientação individual da ação. Na acepção mais ampla adotada por ele, porém, o esquema meio-fim constitui o cerne de quaisquer teorias da ação. Até porque em todas as suas variantes impõe-se a consideração do tempo, no mínimo porque "o propósito é por definição orientado para o futuro". No conjunto, "o esquema meios-fins pode oferecer, e oferece, um ponto chave de entrada para a análise de estruturas temporais da vida humana, e mesmo uma alavanca para a temporalização da nossa visão da conduta humana. É, portanto, nessa área e nesse nível e não simplesmente no nível da 'historia' [...] que questões de temporalidade devem ser discutidas", como alternativas ao behaviorismo, ao fisicalismo e ao reducionismo. Na mesma linha de argumentação, "sem ir tão longe ao ponto de fundar a existência humana na temporalidade, poderíamos nos inclinar a aceitar que em qualquer tipologia sistemática de orientações de valor, visões do mundo, formas de vida etc., traços temporais seriam eminentemente dignos de consideração como veículos ou ingredientes de definições das situações culturais alternativas. Contudo, nem no esquema de pattern variables nem em outros esquemas de orientações alternativos encontramos papel central para orientações temporais". Neste ponto um parsoniano renitente poderia encontrar um traço excessivo de severidade e assinalar que, bem vistas as coisas, as pattern variables ("variáveis de parâmetro", na tradução adotada por José Maurício Domingues no livro que dedicou a Parsons) envolvem uma dimensão temporal. Ela se encontra no seu cerne mesmo, ao se comporem de sequências ordenadas de escolhas entre alternativas de orientação da conduta como "universalismo versus particularismo", sem as quais a interação não teria como ocorrer.

Curiosamente, Hermínio examina com considerável cuidado a teoria estrutural-funcional na sua vertente parsoniana, mas praticamente não dá atenção a autor em relação a quem exibe afinidades intelectuais muito maiores. Refiro-me a Robert Merton, o mais refinado e erudito representante da sociologia acadêmica norte-americana na sua época e, coisa a se reter, também dotado de fino senso de humor. Pois é Merton, ainda na condição de jovem colaborador do exilado russo Pitirim Sorokin, ao qual Hermínio concede justa atenção (como, ao seu modo, já fizera Lênin, ao consagrá-lo em um dos seus escritos de ocasião, quando, de passagem, lhe recomendava partir logo para o exílio, já que na terra da revolução ninguém sentiria falta dele), que participa do importante artigo de 1937 sobre "Social time: a methodological and functional analysis" na American Journal of Sociology. O propósito do artigo soa modesto, mas os autores insistem em que a questão vinha sendo negligenciada. Trata-se de "alargar o conceito de tempo para incluir o conceito de tempo social". A posição adotada também pode soar familiar aos nossos ouvidos. "Todos os sistemas temporais podem ser reduzidos à necessidade de prover meios para sincronizar e coordenar as atividades e observações dos membros do grupo. O sistema temporal local varia de acordo com diferenças nas funções e atividades dos diferentes grupos. [...] Como o ritmo das atividades sociais não é o mesmo em diferentes grupos ou no interior da mesma sociedade altamente diferenciada, os sistemas locais de contagem de tempo deixam de ser adequados". Daí, escrevem, o impulso para a adoção de "sistemas temporais astronômicos", baseados num tempo abstrato, linear, indiferente aos múltiplos ritmos e andamentos do mundo imediato. Disso deriva a tese básica: "O tempo astronômico, como uma espécie de 'esperanto temporal', é um emergente social". O importante nessa referência a sistemas de tempo linear e abstrato, para além da ênfase na sua condição de resposta social a necessidades da vida coletiva, consiste na atenção que emprestam, por contraste, à diversidade de ritmos e pulsações na vida social, ao caráter não linear daquilo que é tomado como tal estritamente para fins de coordenação de atividades. Sem recusar o caráter objetivo e "funcional" que assume o tempo "astronômico" na observação e na medida precisas, os autores não deixam de lado que por baixo disso pulsa algo mais diferenciado, que no devido momento virá a exigir atenção.

Para caminhar no sentido da posição que pretendo propor, entretanto, é mais conveniente recorrer a uma variante da teoria da ação que não parece ser do especial agrado de Hermínio. Trata-se da vertente "fenomenológica" apresentada por Alfred

Schutz na sua copiosa obra. Não será, porém, diretamente pela perspectiva à qual aquele filósofo e teórico social está mais associado que ele será importante aqui. Nem, tampouco, naquilo que mais poderia aproxima-lo de Hermínio, que é a sua ênfase na ideia de que, diversamente do que Weber parecia pensar, os tipos construídos pelo cientista não são obtidos a partir de alguma matéria social em estado bruto, mas constituem tipificações de segunda ordem, que incidem sobre as construções já feitas pelos agentes na sua vida corrente. "O mundo social é constituído pelas significações simbólicas e tipificações dos atores dentre dele", escreve Hermínio, para disso retirar a muito importante conclusão de que "o mundo social é forçosamente um modo de pesquisa de segunda ordem". Ou seja, não há acesso direto e imediato à vida social, a pesquisa necessariamente será indireta, atenta aos múltiplos passos significativos na aproximação de um objeto que resiste a ser objeto. Neste ponto, entretanto, interessa mais a contribuição de Schutz em momentos importantes da sua fase produtiva norte-americana, nos quais se aproximou do pragmatismo (embora com reservas que aqui não importam), com elaborações muito expressivas da tese das "múltiplas realidades" sociais, cada qual com seu próprio "estilo temporal". Vejamos Schutz escrevendo em 1945 sobre "realidades múltiplas". "Trabalhamos e operamos não apenas no interior do mundo como também sobre ele. Nossos movimentos corporais como que engatam no mundo, modificando ou mudando seus objetos e relações mútuas". Nesses termos, "pode-se sustentar que um motivo pragmático governa nossa atitude natural em relação ao mundo da vida cotidiana". E, se considerarmos o wide-awake self, o eu envolvido com atenção máxima no mundo no esforço de na realização do seu projeto levar adiante suas ações (seus atos, na linguagem de Schutz), veremos que ele, na sua atividade (in its workings, escreve Schutz), obtém efeito importante. Ao assim atuar, "integra seu presente, passado e futuro numa dimensão específica do tempo e se realiza como totalidade nos seus atos de trabalho". É nesse sentido, sustenta Schutz, que "o mundo das nossas atividades, dos movimentos corporais, da manipulação-o de objetos e de tratar de coisas e pessoas constitui a realidade específica da vida cotidiana". Temos um interesse eminentemente prático no mundo, escreve ele. Com uma restrição importante, contudo: "Não estamos igualmente interessados em todos os estados do mundo da atividade. A função seletiva do nosso interesse organiza o mundo em ambos os aspectos – como espaço e tempo – em estratos de relevância maior ou menor".

Essa última frase merece atenção especial, ainda que isso represente uma espécie de digressão com relação ao nosso tema central. Claro que esse tema central é contemplado pela referência à organização das dimensões de espaço e tempo consoante as configurações de atividades na vida social corrente. Retenhamos isso para exame mais adiante. Neste ponto, porém, importa o tratamento dado à ideia de interesse, uma das mais difíceis do pensamento social, tal como a sua congênere, de vontade. Interesse, desde sua origem na linguagem jurídica e comercial (até hoje, em língua inglesa) se referia ao pagamento, na forma de juros, de avanços (outro termo expressivo) em dinheiro para o interessado. Envolve as ideias de ganho e vantagem, mas vai além disso, ao se revelar termo especialmente saturado de referências temporais. Trata-se de intrincado entrelaçamento do passado (como necessidade e capacidade de retorno), com o presente (como busca de vantagens e como ganhos – de intervalo temporal, em especial) e, finalmente, como projeção no futuro (como planos, projetos e eventuais ganhos ou perdas). Por esse ângulo, o interesse aproxima sem unir, literalmente interpõe-se nas relações sociais, envolve intrinsecamente poder e dominação. (Max Weber, o grande interlocutor de Schutz, percebeu isso: na base da dominação está a capacidade de apropriação exclusiva de recursos escassos). Mais adiante, ao longo de um processo que eu não saberia reconstruir, a noção de interesse ampliou seu escopo e ganhou significado mais complexo. Passou a incorporar a ideia de atenção concentrada e, por extensão, de preferência ou fundamento de decisão. Schutz recorre a essa segunda acepção. Ao assim proceder, apanha aspecto fundamental da ideia quando fala da sua "função seletiva", de algum modo associando nisso organização e seleção (pelo ângulo da relevância, um dos seus grandes temas).

A organização do tempo e do espaço sociais mediante processos seletivos é realmente uma grande ideia. (Ela talvez até permita lançar uma ponte entre as considerações relativas à análise social e aquelas, bem mais ambiciosas, que dizem respeito à dimensão temporal na escala cósmica mais abrangente, tal como vêm sendo elaboradas pelo físico Lee Smolin e o filósofo Roberto Mangabeira Unger em torno da questão do caráter "histórico" do cosmo e da pergunta sobre por que tais leis - mutáveis e evolutivas, na sua concepção - o regem e não outras). Na perspectiva social ela ganha densidade na referência a uma dimensão importante como a do interesse. O ponto decisivo, entretanto, consiste na ênfase "pragmática" que dá o tom dos argumentos de Schutz naquilo que nos importa. (Pragmatismo, diz Schutz. Isso adverte contra tomarem-se suas reiteradas referências a "trabalho" ou a "atos de trabalho", working acts, de modo a conduzir esse simpatizante da versão mais subjetiva da escola econômica austríaca às cercanias de Marx). Há trabalho, há tensão, há atividade e mobilidade envolvidos, não só na vida social sem mais, mas na sua organização em suas dimensões básicas, espaciais e temporais. O tempo incorpora tensão, trabalho, energia. E o faz de maneira especial, só sua.

Essas considerações nos conduzem ao ponto central da proposta de estudo do tempo social que aqui se apresenta. Para sua exposição o melhor meio consiste em trazer ao debate a imagem evocada em 1927 pelo astrônomo Arthur Eddington para tratar da questão do caráter orientado da dimensão temporal: a "flecha do tempo". Embora sejam relevantes para desenvolver as considerações que apresentarei em seguida num registro muito mais metafórico do que rigoroso, não me arriscarei aqui a sequer invocar temas retirados da termodinâmica para o exame da organização (para além da orientação) do próprio tempo. Aqui só importa salientar que evitarei cair no senso comum extremado, de supor espaço e tempo como "ambientes" de objetos e eventos. Isso no sentido de que, assim como o espaço não é "onde os objetos estão", e sim a própria distribuição dos objetos e das relações entre eles, o tempo não é "onde os eventos se dão", e sim a própria distribuição dos eventos e das relações entre eles. Não são, portanto, eles próprios "objetos", reais ou não, mas condições objetivas ou critérios para se falar de objetos e eventos, na perspectiva da sua organização interna e das suas relações externas. É nessa perspectiva que se torna possível, por exemplo, não conceber a história como mero fluxo de eventos e sim, no sentido mais forte da expressão, como tempo socialmente organizado.

Qual é, afinal, o meu argumento? É simples e, no entanto, tenho a convicção de que pode sustentar um fecundo programa de pesquisa. Formulado nos mesmos termos metafóricos, é o seguinte. Aceitando-se a concepção geral da "flecha do tempo", é preciso mudar a perspectiva e não mais concentrar a atenção na trajetória da flecha, mas na vibração do arco. A ideia é que aquilo que definimos como tempo não está contido no equivalente a uma linha que descreve uma trajetória (mais precisamente, um vetor), nem se mede nesses termos. Neste ponto uma intuição dessa figura notável que foi Charles Sanders Peirce pode ser de grande valia. Falando, é verdade, de outra questão, relativa ao caráter falível do conhecimento científico e da argumentação racional, ele propôs tratar aquilo que se concebia como "fundamento" (no nosso caso, seria uma "linha" contínua) de modo diferente, como "cabo". Vale dizer, como objeto extenso, mas não simples: como entrelaçamento de numerosos fios com características próprias. "Deveríamos crer mais na multiplicidade e variedade dos argumentos do que no caráter conclusivo de qualquer um deles", escreve Peirce em texto que recolhi no livro de Richard J. Bernstein The New Constellation. E, já no ponto que mais importa aqui, prossegue sustentando que o raciocínio "não deveria formar uma cadeia que não é mais forte do que seu elo mais débil, mas um cabo, cujas fibras podem ser as mais tênues, desde que sejam numerosas e intimamente conectadas o suficiente".

Um cabo, não mera linha. Isso é fundamental. É a vibração da fibra do arco que se transmite à flecha, e é a composição e o entrelaçamento dos seus diversos filamentos, do mais delicado ao mais sólido, que imprimem um timbre ao movimento todo. Em termos de tempo social isso significa dizer, por exemplo, que a vibração (a temporalidade, ou resultante de um conjunto de temporalidades) da corda de um arco composta por fios como interesse, eficiência, controle, domínio e ganho é diferente daquela que resulta da composição de memória, deliberação e compartilhamento. Isso não impede que, no limite de condições (históricas) específicas, a corda composta possa ficar reduzida a um fio simples ou a um conjunto homogêneo. Talvez seja essa a tendência na fase atual do capitalismo, quando as múltiplas formas do trabalho são deslocadas do centro do sistema para ceder vigência a um grande jogo com regras cada vez mais estreitas e estritas. Seria interessante especular como isso afetaria um dos pontos centrais da contribuição de Marx, que inovou precisamente ao introduzir na análise a ideia de que o importante não é a mera produção, e sim o modo como ela se organiza historicamente, junto com a ideia que aqui está sendo invocada, a de que não se trata de mero trabalho, e sim de tempo de trabalho.

A expressão tempo de trabalho nos recoloca no cerne das presentes considerações. Nas cogitações de Alfred Schutz a ênfase se dirigiu àquilo que ele chamava de componente pragmático da sua concepção da presença de sujeitos portadores de atos de consciência no mundo da vida social corrente. Básico nisso, sustentava ele, são os working acts, os atos de trabalho, pelos quais, enfrentando resistências, os conteúdos de consciência e os correspondentes gestos motores "engatam" os agentes nos múltiplos mundos sociais, com suas configurações e seus estilos de tempo específicos. Transpondo-se isso para a concepção aqui defendida, torna-se possível dizer que é o trabalho, a atividade socialmente orientada, que permite distender o arco e fazê-lo vibrar na imposição de movimento à flecha. Já foi lembrado o autor que, muito mais do que seu antípoda Schutz, poderia ajudar na formulação da presente proposta de estudo. Trata-se, é claro, de Marx, ainda mais quando tomado pelo ângulo da linguagem com a qual pretensamente "flertou" no seu exame do capital. A dialética possivelmente nos oferecesse todos os elementos para levar adiante a empreitada que aqui apenas se anuncia. Certamente não será nestas anotações que tentarei essa proeza. Só lembrarei que, a despeito da imensa contribuição de Marx ao falar de modo e tempo na caracterização da configuração histórica capitalista, ele caiu na armadilha de ver o tempo somente como medida e não como modo de apresentação e desenvolvimento do objeto. Não se encontra nele, pois, a ideia de algo semelhante a um modo de tempo capitalista, a uma Zeitweise junto com a Produktionsweise. Talvez seja querer muito, mas ajudaria a pensar modo e tempo para além do plano da organização e da medida. Entre o trabalho, a energia socialmente organizada, e o produto configurado está algo infinitamente leve e, contudo, poderoso, a vibração do arco que é transportada pela flecha temporal e anima, informa no sentido mais forte do termo o produto resultante. (Cabe lembrar, sem explorar o tema neste ponto, que o elo entre ambas as dimensões é dado, em estreita consonância à intuição marxista, pela história, o tempo socialmente organizado. Trabalho e história; energia e tempo, ambos socialmente organizados. Eis aí um interessante quarteto). No capitalismo avançado o tempo tende a se desvincular do complexo trabalho-exploração, um pouco como ocorre na separação do valor de troca em relação ao valor de uso. Nesse processo, move-se rumo a padrão marcado por regras rígidas de curtíssimo prazo, literalmente na forma de jogo na sua variante de índole "especulativa" (termo temporal por excelência, mescla de aposta no futuro e presente absoluto). Tudo se dá como se a flecha ganhasse voo próprio e entrasse em trajetória inercial, linear. No século XIX o historiador conservador Burckhardt temia o advento dos "terríveis simplificadores". Mas é o capitalismo o grande simplificador. É ele que leva o tempo multidimensional a se converter, não só em linear como em pontual, com pulso em constante aceleração. (Difícil não conceber, neste ponto, a imagem da célebre "crise final" do sistema na analogia com a fibrilação). Uma consequência imediata disso é o aumento da sua distância em relação aos agentes sociais envolvidos, numa alienação real, que não é perda de alguma essência, mas expropriação da experiência.

Tendo invocado Marx, o severo crítico dos utópicos de toda estirpe, talvez possa reservar um pouco de atenção a um deles, não isolado, mas junto com homônimo seu. Faz sentido essa associação, aliás, pelo que diz do pensamento novecentista, nos modos polares como ambos tratam de duas questões centrais do seu século, a da organização e a do controle. Refiro-me a Charles Fourier, o homem dos falansterios, e a Joseph Fourier, o matemático querido pelos engenheiros. Victor Hugo é severo com o segundo e exalta o primeiro: "Il y avait à l'Academie des sciences um Fourier célèbre que la posterité a oublié, e dans je ne sais quelle grenier un Fourier obscure dont da posterité se reviendra". Não sei se o simpático Charles é mais lembrado hoje do que Joseph (embora o matemático Jean-Pierre Kahane, de quem recolhi a referência a Hugo, não deixe de observar que em Paris se encontra uma rua Charles Fourier, mas se procurará em vão a rua Joseph Fourier). O fato é que um autor que nos lembra de que a análise matemática "aproxima os fenômenos mais diversos e descobre analogias secretas que os unem" e usa isso para deter-se sobre a noção de fluxo e para examinar vibrações de corpos sonoros, oscilações de líquidos e excitações de estado talvez também tenha como contribuir, diretamente ou pelos desdobramentos das suas pesquisas, no desenvolvimento do nosso tema (pelo menos enquanto a água salobra dos mares não se converter em limonada por obra do seu homônimo). Admitamos, como também lembra Kahane, que uma contribuição central de Joseph (as chamadas séries de Fourier) já havia sido antecipada por Daniel Bernoulli, exatamente no estudo das cordas vibrantes. A nós importam aqui os Fourier (na verdade, no que diz respeito a mim fico com ambos, descobridores, cada qual ao seu modo, de relações insuspeitadas).

Não pretendo sugerir aqui algo tão ambicioso como a análise matemática daquilo que apreciaria designar como feixes temporais. Trata-se apenas de sugerir que instrumentos analíticos para avançar no tratamento do tema são perfeitamente concebíveis, desde que se possam construir procedimentos que permitam enfrentar o ponto no qual referências empíricas poderiam ser obtidas. Tais procedimentos envolveriam a identificação da composição desses feixes nos seus conteúdos sociais, na forma de atitudes, preferências, interesses e assim por diante. Avanços no estudo dos processos de informação (no sentido forte, de imposição de forma a conteúdos) poderiam nos auxiliar nisso.

A consideração do tempo como feixes temporais suscita uma questão muito instigante. Trata-se da caracterização de processos temporais pela perspectiva da sua modulação. Ou, em registro semelhante e igualmente atento ao entrelaçamento das diferentes notas temporais em cada caso (em cada momento), pelo ângulo da mescla bem-sucedida, do seu "temperamento". Quem avança muito nesse sentido, embora não com o mesmo tipo de preocupação como aqui, é o filósofo italiano Giacomo Marramao, em seu belo livro *Kairós – Apologia del tempo debito*. Após argumentar a favor de uma "reabilitação do espaço" (visto que não há experiência temporal possível fora de um "cenário", para usar termo da experiência teatral do autor), Marramao procede a uma pesquisa etimológica em busca da origem do próprio termo, pelo viés do latim tempus. O resultado é fascinante. O ponto de partida é dado pela circunstância de que as línguas latinas reservam um único termo para duas ordens de fenômenos que o inglês e o alemão separam, com palavras como time e weather. A pergunta sobre "como está o tempo hoje" não faz sentido nessas línguas. Disso Marramao retira grande rendimento, ao mostrar que essa aparente insuficiência esconde uma concepção matizada do fenômeno. Baseado em pesquisas do linguista Emile Benveniste, sugere que o termo tempus oferece grandes dificuldades etimológicas por resultar de uma abstração de termos que lhe são anteriores embora pareçam derivados seus, como tempestas (de onde: tempestade e tempestivo), temperatura, temperare. Com isso o termo tempus se revela compósito, remete a uma mescla de elementos heterogêneos. O mesmo Benveniste permite-nos chegar ao ponto culminante da argumentação. Examinando a etimologia do grego kairós, que designa o tempo oportuno, o tempo certo, "devido" na formulação de Marramao, ele encontra uma raiz indo-europeia que precisamente remete a misturar, temperar. Kairós, o tempo devido, é então intrinsecamente uma mescla. A questão decisiva é a do "tempo bem temperado", poderíamos dizer. Não poderia haver melhor contribuição para a posição que aqui venho defendendo, a do tempo como feixe vibrante de impulsos diferenciados, em relação ao qual importa encontrar em cada momento a boa mescla, a temperatura certa, a tonalidade devida.

A ideia de feixes temporais me parece uma proposta fecunda. Dada a sua perspectiva própria, a de que importa mais a vibração do arco do que a trajetória da flecha e que esse vibrar, do qual a flecha é portadora, é função da composição da corda do arco e do trabalho na sua tensão, ganha densidade a noção do tempo devido, do momento propício a que alude Marramao. Temos aí, ao lado daquilo que ele designa como reabilitação do espaço (o que envolve eliminar as posições puramente subjetivas dos processos temporais em nome de durações ou estados de consciência, e propicia uma análise social com fundamento objetivo), uma reabilitação, em registro tenso, do momento presente. Este se apresenta como ponto de convergência, algo como um atrator, dos valores das múltiplas medidas de feixes temporais. É o instante (aquilo que aí está), fugidio, evanescente, nunca inteiramente realizado (nada de muito novo nisso: Aristóteles já o dizia com todas as letras, como lembra Marramao). A mescla adequada da ideia grega de medida com a do ponto culminante, o escaton judaico-cristão. Enfim, a síntese impossível de passado e futuro, dimensões que na realidade se fundem nisso que venho designando como vibração ou pulsação, que desemboca na noção de kairós.

Num ensaio incluído na sua coleção de texto Signes, Merleau-Ponty narra um encontro entre Bergson e Einstein numa reunião de filósofos franceses. Ambos não conseguem se entender e, no final, Einstein constata, não sem uma ponta de impaciência, que realmente "o tempo do cientista não é o tempo do filósofo". Conclusão inaceitável para Merleau-Ponty, que vê nisso mais um sinal da crise da razão. De fato, não se pode conceder essa conclusão fatigada. É por isso que todo esforço, em todas as áreas do conhecimento em conjunto, para uma concepção mais matizada e generosa do tempo (e da sua outra face, o espaço) é uma exigência constante, em busca do momento devido para sua realização.

MARX: O TEMPO E O MODO

> *[Exu] mata um pássaro ontem*
> *Jogando uma pedra amanhã*
> (Oriki Yorubá)

Pôr em movimento as relações petrificadas. Essa exigência do jovem Marx em 1843 resume todo o programa teórico e prático da dialética, como ele a praticou ao longo da vida. Tal é o lema básico das presentes anotações. Questionam elas o modo de conhecimento e de orientação prática envolvido nessa exigência. É verdade que essa formulação preliminar encerra problemas e armadilhas de toda sorte. Não é segredo que esse modo de pensar foi ao mesmo tempo fonte de inspiração e de embaraço para Marx. Tanto que em mais de uma ocasião ele não mediu esforços para "esconder" essa linha do seu pensamento, como sugere Reichelt (2011)1. Não é o caso, aqui, de tentar entrar (em vão, por deficiências técnicas) no debate sobre a presença de Hegel na obra de Marx, tampouco de seus outros "namoros" com temas novecentistas como o evolucionismo, nem sobre a presença de Engels na sua obra. Cabe tão somente lembrar como em Marx convivem de modo inseparável e tenso duas almas (para evocar belo título de livro de Gildo Marçal Brandão sobre o partido comunista brasileiro). Ao Marx refinado dialético responde o Marx duro militante, e nem sempre as duas faces convivem

1 Helmut Reichelt, junto com Hans-Georg Backhaus, é o iniciador na Alemanha da "nova leitura" de Marx, a partir de dois trabalhos seminais: o livro de Reichelt de 1970, agora disponível pela editora da Unicamp, e o artigo de Backhaus (1974) sobre a teoria do valor.

pacificamente. Dizer isso já envolve restrição ao alcance daquilo que aqui se propõe. O Marx preocupado com a intervenção prática no mundo fica aqui implícito sem ser diretamente evocado, reservando-se maior cuidado à sua elaboração dos fundamentos teóricos para tanto. Isso é feito sempre de olho no tema central, anunciado no título. Por essa razão não se encontra aqui esforço sistemático de análise metodológica ou exercício filológico de decifração de texto com direta referência a Marx ou ao marxismo, nem debate meticuloso com intérpretes. Esta última restrição aplica-se mesmo aos intérpretes mais importantes, até àqueles brasileiros que há décadas vêm dando contribuição de relevo na área. Ao mesmo tempo, fala-se em marxismo, em teoria crítica e na questão do tempo, entretanto mal se reserva uma palavra a Walter Benjamin ou a Ernst Bloch, nem, no Brasil, para Paulo Arantes. O uso da bibliografia limita-se a algumas referências indispensáveis à argumentação em cada passo. Trata-se de tentativa (nesse sentido, ensaio) de caráter estritamente exploratório. O tema inspirador é outro. Busca-se reunir elementos, e não mais do que isso, que permitam sustentar estudo mais rigoroso da fundamental, no meu entender, contribuição possível da dialética de inspiração marxista em área que também reputo fundamental e urgente. O objetivo mais fundo consiste em contribuir na construção de bases para o estudo adequado ao nosso tempo dos modos de experiência social. É essa última referência que realmente me move. Nesse ponto defendo posição clara no contraste entre dois grandes mestres. Entre Lukács, que aposta tudo na consciência e na organização da classe, e Adorno, para quem a preocupação fundamental consiste na crítica das formas de experiência dadas e na busca de novos conteúdos para elas, fico com o segundo como mais relevante para as condições contemporâneas do mundo.

No tocante a Marx, a atenção concentra-se em dois grandes aspectos da sua obra, as referências ao modo e ao tempo, que eu gostaria de ver associadas de maneira semelhante a modo de produção, como modo de tempo (como se ele falasse de algo como Zeitweise). Faz parte do argumento central afirmar que essas duas categorias impregnam todo o seu modo de pensar. A começar, claro, pela fórmula que liquida de antemão todo economicismo, quando Marx não fala de produção sem mais, porém de modo de produção. Por isso mesmo essas ideias não são tematizadas por ele e nem sempre estão à vista, formam o éter (para usar expressão sua) no qual tudo se move.

A posição a ser defendida aqui é que o termo tempo se refere a algo muito mais importante e muito mais fundo do que a mera duração ou sequência dos eventos, assim como modo não se reduz a referência caracterizadora (algo que poderia justificar a observação de Max Weber, de que Marx operaria com tipos ideais). Modo é condição material de possibilidade para falar daquilo que (literalmente) modifica, como se dá na expressão "modo de produção", sem a qual o termo "produção" fica entregue ao isolamento e à abstração. Constitui uma espécie de "transcendental material" - e a ressonância kantiana, por imprecisa que seja, não é gratuita. A dialética marxista não deve só a Hegel como também a Kant, como já sustentou entre nós Wolfgang Leo Maar, junto com seu mestre alemão, Oskar Negt. Por detrás disso tudo está a ideia de que a dialética é, no sentido mais rigoroso do termo, uma teoria da informação. Uma teoria da imposição de forma à matéria e da peculiar dinâmica da reiterada conversão da forma em matéria para o engendramento de nova forma. Dinâmica essa que, mais do que qualquer outra coisa, justifica falar em materialismo com referência a esse modo de pensar, desde que se entenda matéria não como dado bruto, mas como dimensão substantiva, condição real e objetiva para a constituição de formas efetivas, aptas a se encadearem na reiterada referência a ela. Um peculiar materialismo esse, em que, para se impor como lhe cabe, a materialidade dos processos sociais se apresenta de maneira cada vez mais imaterial, etérea, como que fantasmagórica.

FORMA E RESISTÊNCIA

A questão de fundo é a do modo de imposição de forma. Ele envolve algo fundamental, que é a resistência a essa imposição, junto com os limites que opõem uma à outra forma e matéria (que no processo nunca se completam plenamente, sempre se encontram intimamente entrelaçadas em fases de formação e de objetivação, permutando a condição de constituída e constituinte). Resistência mediante a qual a oposição entre ambas se resolve em seguidas metamorfoses, nessa peculiar espiral do movimento dialético, sempre com a memória da relação original, do momento determinante do processo todo, sem jamais perder-se nele. Sustento aqui que o fio que percorre toda essa dinâmica e entrelaça seus momentos componentes concerne à natureza e ao papel da dimensão temporal.

Comecemos por um exemplo dos problemas a enfrentar, numa formulação de Marx ao iniciar o tratamento do processo de trabalho no primeiro volume do Capital. "Durante o processo de trabalho este se converte constantemente da forma da inquietação naquela do ser, da forma do movimento naquela da condição objetiva", escreve ele (1957, p. 197). Deixando-se de lado as fascinantes ressonâncias da inquietação como negatividade solta e do ser como determinação inicial em busca de desenvolvimento, essa passagem permite vislumbrar nossas questões centrais. De início o trabalho é pura inquietude, energia pulsante. É ao longo do processo de intervenção intencional nas coisas que ele vem a se ver propriamente como tal. Passa da forma inquieta, do mero movimento, para a forma descansada da objetivação, da condição que lhe permite gerar efeito próprio, determinado. E esse efeito é nova forma, que, longe de ser secretada sem mais pela matéria, nela impõe seu timbre e dela destaca o produto como produto. E o destaca para introduzi-lo num processo, numa espécie de reviravolta do seu próprio andamento. Pois a energia da pura mobilidade encontra seu ponto de repouso no preciso momento em que converte a matéria natural inerte destacada (abstraída) do seu meio, literalmente elaborada, em algo novo: em parcela movente, já agora envolvida num desenvolvimento não mais natural, mas social. (Enquanto isso, o "descanso" do trabalho objetivado suscita o efeito ideológico básico da ocultação da condição do produzido sob a aparência de original).

Nessa espécie de transmissão de mobilidade (não mais como mera agitação, inquietação, mas como tempo social, lapso dotado de sentido) em que ambos os termos se transfiguram encontra-se momento importante da relação dialética. E esse resultado do processo, por ser social e, por conseguinte, encerrar significado desde o primeiro alento, exibe traço que se revelará fundamental. É que o trabalho, como adverte Marx, conserva-se no resultado, não se perde, demora-se nele. E disso resulta ponto fundamental para o nosso tema. Não é o trabalho sem mais e nesse sentido abstrato que se conserva no resultado, na forma de produto. É a própria inquietação matriz, é o movimento mesmo que se insinua de algum modo na coisa produzida. E não é sem mais que se impõe pela forma, e nela se conserva. Pois há uma resistência envolvida nesse processo, como de resto em qualquer processo dialético. E essa resistência é móvel, não cessa de reproduzir-se em cada momento percorrido, sempre sob novas formas. A tensão inerente a esse movimento é bem real, os andamentos e deslocamentos não se fazem sem esforço e nunca são lineares. A referência marxista ao trabalho vai muito fundo.

Por outro lado, a ideia mesma de produto (como a palavra produção já indica, ao aludir a uma condução para adiante) permite introduzir o outro grande tema, o do tempo. O resultado de trabalho já posto como integrante da vida social, na condição de objeto diretamente fungível no uso ou disponível para troca que resulta da atividade direcionada, já assinala como aquilo que vem a se apresentar como produto é unidade tensa, vibrante. Simultaneamente ele se volta para trás (o momento passado da produção) e para frente (o momento futuro da realização, imediatamente no uso ou diferido na troca). Há nisso um movimento, em configurações que em cada caso requerem decifração. Isso já permite antecipar outro ponto central no meu argumento: o de que o tempo não comparece na exposição dialética como mera medida de duração, mas se insinua no mais íntimo das coisas e das suas relações, que configuram a vida social. Ele as anima, confere-lhes vibração própria e inconfundível, ressoa de múltiplas maneiras no espaço da história da qual é o cerne. Isso se entendermos, como aqui se faz, que história é tempo socialmente organizado em múltiplas formas. E essas formas exprimem movimento, que, no caso, não significa mero deslocamento linear de A para B, mas tensão interna ao objeto pronto a se metamorfosear, prontidão criativa para o novo e emergente enfim.

Modo de produção concerne à condição prévia que deve ser satisfeita para que sequer se possa falar de produção de maneira não formal ou abstrata. Com conteúdo histórico, portanto, desde que se entenda história como foi proposto acima, como movimento cuja matéria é o tempo e cujos agentes são pessoas vinculadas em formas de sociabilidade e não como relato bem ordenado de sequências de eventos ou de configurações. Por isso mesmo, modo não é categoria originária na exposição do objeto de estudo de Marx, não há como iniciar por ele. Mas também não há como dispensá-lo, ainda quando inicialmente implícito, ou em um ou outro ponto até explícito, como quando Marx fala de "modo de trabalho" (1957, p. 48), em contexto no qual o termo alude mais propriamente ao agenciamento de material, meios de trabalho e trabalho em processo produtivo. Faz isso para acentuar diferenças qualitativas em diversos processos de trabalho. Destarte já nos adverte de que modo é, sim, modal, tem a ver com qualidade da própria coisa, se não se quiser ficar preso àquele dado da aparência imediata do qual se trata de partir quando se defronta o capitalismo, a mercadoria sem mais. Pois cumpre demonstrar desde logo que não há mercadoria, nem objeto algum no território demarcado pelo capital, que exista sem mais, como dado nu. É dessa circunstância elementar que o termo modo adverte sem trégua. Ainda mais quando não é a mera produção nem o trabalho puro e simples, mas a forma específica de constituição da sociedade moldada pela prevalência do capital que cabe explicar.

DO RESULTADO AO PRODUTO

Originário (na medida em que se possa usar esse termo) é o trabalho, que, à semelhança do incesto lévi-straussiano instalado na confluência de natureza e cultura e estabelecendo a distinção entre ambas, está na exata passagem entre a natureza e a organização e reprodução da existência social. Importa o modo de exercício da capacidade de trabalho humano (que, como tal, é somente isso, capacidade difusa, sem caráter, mera energia) nas condições históricas que interessam. Adotando-se a metáfora "orgânica", ou "sistêmica", de que se vale Marx quando fala, por exemplo, de "totalidade orgânica", o trabalho apresenta-se como "célula" básica do processo todo (mas o termo pode ter outra denotação, temática em vez de orgânica, com o que se aproximaria da linguagem musical, que parece especialmente adequada nesse campo e por isso mereceria especial atenção). Em consequência, para realizar-se como tal nos termos que importam, que são sociais, o trabalho depende do exercício de potencial próprio a ele e ativado naquele específico contexto. Trata-se de exercício com vista a algo mais do que mero resultado, argila que se tornou vaso. Consiste em enveredar-se pelo caminho sem volta que leva do resultado pontual a algo que vai além, produto. O produto é, socialmente, mais do que desfecho pontual de atividade direcionada. E o termo "mais" tem significado sério. Indica que ele vale, permite avaliação para além da mera utilidade. Ademais, enseja nova instância da vida social, aquela que confere qualidade a produtos, permitindo a comparação e o intercâmbio de objetos com notas sensíveis diferentes: o valor econômico, essa inovação histórica desconcertante, que no mesmo passo diferencia quantitativamente e equaliza qualitativamente, abrindo caminho para a incorporação desses traços contrastantes na mercadoria. Chega-se assim a movimento fundamental em processos dialéticos, de desdobramento do objeto em termos polares, que definem modalidades dinâmicas de inserção no processo maior. Assim, o trabalho ganha sua densidade ao desdobrar-se em concreto e abstrato, e o valor se põe como tal ao desdobrar-se em uso e troca. É de se suspeitar que nexos temporais tenham algo a ver com isso.

Quanto à produção (tomada aqui como trabalho socialmente organizado que gera valor), na sua condição de portador de modo (que é sempre social), ela vai além do trabalho organizado. Ao gerar valor ela gera a instância que no mesmo passo constitui o trabalho como trabalho (como socialmente relevante) e valida o produto como tal. Mas o alcance da referência à produção vai mais além. Foi dito acima que nela se encerra a outra dimensão fundamental que importa enfatizar aqui. Trata-se da dimensão temporal, que desde logo, como vimos, está alojada no próprio termo, quando alude ao agir prospectivo, antecipação do futuro (como o atento arquiteto de quem fala Marx, em contraste com a diligente abelha). O trabalhador teceu, aquietou-se, encerrou sua parte. O problema é que, nesse passo inicial, tudo se esgota no resultado, tecido pronto para o uso. Nas palavras de grande beleza plástica de Marx (ele teve pouca oportunidade para exercer isso), ainda ao falar do processo de trabalho que se esgota no valor de uso:

> No processo de trabalho efetua-se, então, na atividade do ser humano mediante o instrumento de trabalho uma modificação de antemão intencionada no objeto de trabalho. O processo extingue-se no produto. Seu produto

> é um valor de uso, uma substância natural adequada a necessidades humanas mediante mudança de forma. O trabalho combinou-se com seu objeto. O trabalho se objetiva, e o objeto é trabalhado. O que aparecia do lado do trabalhador como inquietação aparece agora como propriedade descansada, na forma do ser, do lado do produto. Ele teceu, e o produto é um tecido (1957, p. 189).

Antes desse desenlace (na realidade, prenúncio de novo enlace, já de outra índole) não há impulso intrínseco ao processo que leve o trabalhador a ir além do resultado pontual, no qual seu esforço foi absorvido como nova forma do objeto, do fio ao tecido. Falta a passagem para o momento em que o resultado possa aparecer como produto, como algo que não se esgota nele como mera coisa fungível. Falta o momento em que o processo de trabalho não se extingue no produto. (Por isso a ousadia de, contra Marx, distinguir entre produto e resultado.) Em suma, o tecido, que é forma trabalhada dos fios, tem que sair de si e por sua vez ganhar nova forma, a de algo que não se esgota em si mesmo, mas vale para outro. Na outra ponta não se encontra o simples usuário inerte, mas o parceiro possível que só ele, embora anônimo, irá consumir (negar o produto, criar um vazio e ser preenchido por outros) e assim dar novo impulso ao processo.

MEDIDA E LIMITE

Estamos diante do produto, enfim, mas já validado como mercadoria pelo valor, se admitirmos, com Helmut Reichelt (2010), que o valor é mais da ordem da vigência e da validação do que da medida e do atributo da coisa. Aqui entramos no momento da troca, da comparação, da equivalência, da medida. No caso, o momento do valor de troca, que, já no nome, assinala sua dimensão social. De maneira paradoxal, porém. Pois a troca, ao se desenvolver e se multiplicar, afasta um do outro seus agentes, oculta sua face social, numa espécie de socialização torta, anônima, que alcança o seu ápice quando o afastamento, a abstração do processo encontra seu suporte no equivalente universal, dinheiro. Valor que, nos seus desdobramentos, vai caracterizar a dinâmica do processo capitalista, precisamente ao introduzir o dado novo, da medida. E essa se apresenta desde logo numa relação tensa. Num polo, a carência de medida no trabalho marcado pela mera atenção ao resultado imediato e, no outro (concebendo-se esses polos como mutuamente imbricados numa dinâmica tensa de aproximação e afastamento), a atenção ao produto, à troca, ao valor que se expande refugando o limite e aponta para o excesso e a desmedida, marca do processo regido pelo capital e também da sua crise, como demonstra Grespan (2008). No percurso entre ambos os polos encontra-se a redução do tempo a mera escala de medida da fruição do trabalho alheio.

A presença da medida como condição da equivalência na troca suscita a exigência do limite, enquanto exacerba a busca da vantagem, o interesse como categoria mestra no incentivo à utilização eficaz dos recursos, em especial das assimetrias de poder e controle. Interesse, ou seja, interposição da utilidade. E que não se fale em interesse comum, talvez de classe, pois isso só pode significar paralelismo, múltiplos olhares voltados para o mesmo ponto. A troca aproxima (pela equalização) e no mesmo passo separa (pelas vantagens comparativas), e o valor percorre e unifica proximidade e separação. O limite, nas condições capitalistas de força de trabalho como mercadoria, não pode ser externo ao processo de produção e circulação, tem que estar no seu âmago. Cabe-lhe estar em relação íntima com a própria medida responsável pela equivalência nos atos de troca. E esta, como Marx tanto se empenhou em demonstrar, não pode apresentar-se somente no momento da circulação, já deve trazer consigo sua escala desde a produção. Sua figura específica é a do tempo de trabalho socialmente necessário para a reprodução do seu agente, o trabalhador. Cabe lembrar, a propósito, que não é simplesmente o necessário que está em causa, mas o socialmente necessário, aquilo que não se resume em obediência a algo como uma média socialmente estipulada. Trata-se da reprodução do trabalhador como tal e não mais, não como alguém capaz de eximir-se da venda da sua peculiar mercadoria. Há, portanto, limites à magnitude do salário que decorrem de exigências do processo todo, e não do mero interesse do comprador, e é isso que lhe confere caráter propriamente capitalista. Isso não afeta a relação de exploração (no sentido de vantagem regularmente assimétrica), somente lhe confere caráter de necessidade para a reprodução, não apenas de uma parcela e sim do sistema todo. Tampouco afeta a circunstância decisiva de que o socialmente necessário, aqui, corresponde ao socialmente imposto, a uma relação objetiva. É também nesse sentido, creio, que se pode ler a observação de Ruy Fausto, feita em outro contexto, de que "o trabalho socialmente necessário corresponde ao tempo que se impõe socialmente determinando o valor – isto é, em primeira instância, os preços. [...] Há um certo tempo social que aparece de maneira mais ou menos modificada nos preços das mercadorias" (1983, p. 126, nota 14).

A ORDEM DO TEMPO

Essa ideia de um tempo que é social ao se impor na expressão quantitativa do valor das mercadorias, ao lhes imprimir o timbre de coisas permutáveis, é das mais importantes. Aqui o tempo não aparece como mera duração, mas como dimensão que impõe limite às relações constitutivas do processo maior, oferece-lhes régua e compasso para traçarem o campo no qual as trocas são possíveis. Isso permite antecipar ponto fundamental, que mereceria estudo mais demorado. Tal como é entendido aqui, o tempo não é ele próprio duração, sequência ou algo do gênero. É, mais propriamente, modo temporal, que rege múltiplas modalidades de temporalidade ao unificá-las em regimes temporais. Estes, por sua vez, permitem definir sequências, durações, intensidades. A relação do tempo com os encadeamentos de eventos é da mesma ordem da relação do valor com os objetos prenhes de trabalho. No seu caso, consiste em conferir a qualidade de tempo à peculiar vibração interna daqueles produtos. Ou seja, trata-se de fazer valer a ordem do tempo, como aquela que de mil maneiras liga o início e o fim, ao pronunciar o que é início e o que é fim.

Por outro lado, importa muito para o nosso tema a questão da escala de medida quando se fala de tempo. Certamente a dimensão temporal penetra mais fundo do que isso, como cabe examinar. Pode-se falar em tempo de trabalho referindo-se ao intervalo entre o início e o fim de uma tarefa. Igualmente válido e com maior alcance é falar-se no tempo do trabalho, como atributo seu, com referência ao modo peculiar como essa dimensão da vida humana promove, no seu interior, a distinção que, consoante se sustenta aqui, lhe é específica. Trata-se do confronto, prestes a formar contradição, entre continuidade e limite.

Isso se manifesta de modo mais claro quando examinamos a conformação social do produto. Este, como vimos, já na referência ao ato prospectivo da produção está saturado de tempo. Não só nisso, porém. O produto encerra em si, do modo mais pungente, a tensão entre o que se projeta adiante no momento da produção e aquilo que se apresenta como já realizado, o resultado socialmente reconhecido como produto e entregue à circulação. Continuidade sem a qual ele não se faz, limite sem o qual não encontra forma própria. Tempo presente em estado puro, ou seja, tensão insolúvel entre passado e futuro. Pois, como vimos, Marx acentua que o resultado do trabalho, em contraste com a inquietude que o move, é descansado, em repouso, é puro ser quando se apresenta como valor de uso. Contudo, no mesmo passo em que se torna produto e não mero resultado, carrega consigo o trabalho, a fadiga do trabalhador impregna-se nele. Fundamental, porém, é que essa impregnação vai mais fundo. O produto, já na forma de portador de valor como mercadoria, incorpora não só o trabalho como também a inquietação do trabalho, sua antecipação, sua vibração própria, sua negação da forma bruta de seu objeto. Ou seja, está prenhe de tempo, não se limita a relacionar-se externamente com ele como escala de medida. São várias as expressões de inquietude do trabalho, conforme o propósito, o material, os instrumentos. Na medida em que o valor de uso se vê na condição de subordinado e não mais como ponto terminal, já no processo de produção e circulação de mercadorias regido pela dinâmica do valor e, com a entrada em cena do capital, da valorização, uma nova exigência se impõe. Para haver medida, comparação, equalização, requer-se um padrão estável, que não pode depender das vicissitudes do dispêndio meramente físico de energia, nem de um tempo avesso à normalização. Neste ponto apresenta-se a ideia de tempo abstrato, vinculado a trabalho abstrato. O tempo linear, homogêneo, normalizado, passa a esconder o múltiplo, complexo, intrincado, embora não o elimine.

TEMPO ABSTRATO E TRABALHO

Tempo abstrato e trabalho abstrato. Tais referências já são familiares na bibliografia. A ideia de que, em analogia com o trabalho, podemos distinguir entre tempo concreto e tempo abstrato está proposta e desenvolvida com mais empenho do que em outros lugares por Moishe Postone, em seu livro sobre tempo, trabalho e dominação social (1993). Impõe-se, pois, exame, ainda que rápido, dessa contribuição. Embora severamente crítico de muitas das suas propostas, Postone está entre os autores importantes nas últimas décadas que explicitamente assimilaram posições da chamada Teoria Crítica da Sociedade, junto, em especial, com autores alemães como Hans-Georg Backhaus e Helmut Reichelt e seus seguidores diretos. Na realidade, foi bastante longe no tratamento dessa linha de interpretação da natureza e das tendências do capitalismo ao longo do século XX, ao não se limitar às teses de Horkheimer e Adorno e enfrentar diretamente as contribuições de autores pioneiros como o economista Friedrich Pollock (com sua tese da primazia do político no "capitalismo de Estado" no nacional-socialismo) e o jurista Franz Neumann (com sua análise clássica da organização e funcionamento conflituoso do regime nacional-socialista no livro Beemoth), chegando até o confronto direto com Habermas[2].

O ponto no qual a presença da vertente original da teoria crítica se apresenta com mais nitidez na obra de Postone encontra-se na caracterização do capitalismo e daquilo que nele pode anunciar tendência objetiva à sua superação (sua "contradição fundamental"). Para ele o ponto de possível ruptura encontra-se na contradição entre aquilo que o capitalismo seguidamente reproduz como sua figuração efetiva (a prevalência da forma valor) e aquilo que sua própria organização e seu modo de operação igualmente reproduz, como alternativa oculta, embora possível (a superação dessa prevalência). Nesse sentido, caberia, segundo ele, introduzir no vocabulário crítico a ideia de "desnecessidade" histórica, ao invés da ênfase monótona na necessidade. Tudo isso lembra fortemente certas teses de Adorno. Em Postone aquela ideia de desnecessidade ocupa posição central no argumento. Ela permite sustentar tese básica: a de que tudo aquilo que se manifesta historicamente como específico do capitalismo, como componente seu, lhe é inerente e só tem como se reproduzir no seu interior (e aqui já transparece a tese complementar, de que a análise marxista incide sobre configuração histórica única, embora contingente na sua constituição, na medida em que não resulta da necessidade férrea de algum processo inexorável). Ou seja, o modo de produção capitalista não responde a uma legalidade transcendente que ultrapassa

2 Para uma crítica com afinidades à de Postone do tratamento de Habermas a Marx veja-se: Haddad (1999 e 2004). Para uma apreciação geral de Postone, veja-se Camargo (2013).

a sua história, mas cria a sua própria, contraditória e superável embora. Isso se aplica às modalidades de trabalho e de produção, à organização em classes e, sobretudo, ao valor, categoria histórica por excelência, sobre a qual deve incidir o empenho crítico-revolucionário, menos do que sobre relações de classe, que, por mais que mudem ou mesmo possam se inverter só fazem reproduzir o cerne do processo todo.

A referência às relações de classe permite introduzir neste ponto um tema que ilumina muito da diferença, que Postone se empenha em afirmar, entre sua posição e a do marxismo "tradicional", herdado das grandes lutas sociais do século XIX e primeiras décadas do XX. Trata-se da questão da "inversão". O argumento de Postone é direto e simples. Se uma relação é intrínseca a um sistema e concerne a componentes igualmente próprios a eles, é ela mesma que deve ser alterada se for o caso de mudar o sistema, e não a posição relativa das partes, mesmo quando invertidas. O tema certamente é dos mais fascinantes. Aquela versão deriva de formulação típica de Marx nos seus momentos de impaciência, quando o refinamento analítico cede lugar ao peculiar gosto de usar as ideias como armas. Trata-se da imagem de colocar sobre os pés o que estava de ponta-cabeça. Imagem que não faz justiça a outra, do próprio Marx, sobre inverter a dialética hegeliana para dela extrair o nódulo racional oculto sob o revestimento místico. Em exame do tema, Jorge Grespan vale-se dela para repensar a questão do capital (2002, p. 26-47). Faz isso recorrendo a engenhosa formulação do filósofo alemão Hans-Friedrich Fulda (mestre, aliás, de eminente estudioso brasileiro da dialética, Marcos Müller), segundo quem tal inversão não corresponde a simples troca de posições. Recorrendo ao sentido original do termo alemão, Fulda mostra que esse "inverter" refere-se mais propriamente a "revirar", como se faz, por exemplo, com uma luva ao trazer para fora sua parte interna. Isso é notável. Pois, aqui sim, entra em cena dimensão fundamental de processos dialéticos, que é a dinâmica do interior e do exterior, da internalização e da externalização. Ou, na perspectiva preferida por Grespan, da inclusão e da exclusão e do seu movimento contraditório, que, longe de ser gerado por elas, gera ele próprio tendências opostas. Isso, sempre lembrando-se de que contradição é processo e não estado, e que não é a contradição que mata um processo, porém a sua ausência.

O DADO E O POSSÍVEL

Postone fala de uma contradição no capitalismo entre o dado e o potencial engendrado em segundo plano por ele. Esse modo de ver vincula-se à sua caracterização da dinâmica capitalista como uma dialética da transformação e da reconstituição, da contínua mudança na vida social e simultânea reiteração das suas bases capitalistas, numa espécie de movimento de esteira, de progressão que não sai do lugar. O problema, neste ponto, surge ao se invocar a ideia de contradição nesse contexto. Uma interpretação extrema sugeriria que está sendo afirmando enfaticamente o caráter dialético do processo capitalista como totalidade, e que o capitalismo é visto no seu desenvolvimento interno como se desdobrando nele mesmo e no seu contrário, no império do valor e na superação do valor como momento determinante. Se adotada, essa posição resulta em variante altamente sofisticada (e, paradoxalmente, avessa a qualquer determinismo histórico) da posição de que a transformação é inexorável e que o capitalismo só faz apressá-la ao acelerar seu desenvolvimento próprio, presa como é de um impulso de produtividade inteiramente à solta, sem controle (outro tema adorniano, assim como é a ideia de uma espécie de adesão compulsiva ao presente nas condições capitalistas).

Como essa não é a conclusão que Postone retira da sua análise, torna-se necessário examiná-la melhor. Cabe, neste ponto, conhecer em suas próprias palavras o que ele entende por capitalismo. Trata-se de uma "forma historicamente específica de interdependência social com caráter impessoal e aparentemente objetivo" (1993, p. 3). Suas bases são dadas pelo trabalho abstrato associado àquilo que denomina tempo abstrato (ambos homogêneos e indiferentes a conteúdos, sejam eles objetos ou eventos) e, como derivado histórico fundamental disso, pelo valor. O termo mais significativo daquela definição é "interdependência". Ele sem dúvida permite identificar nexos e, associado às ideias de impessoalidade e aparente objetividade, abre caminho para a introdução do tema da dominação numa perspectiva precisa, a do seu caráter impessoal, sem agentes discerníveis. É possível, entretanto, que exatamente nisso consista o ponto fraco da construção de Postone. Pois é duvidoso falar em interdependência numa análise que se propõe ter caráter dialético, ou de dominação quando a categoria dialética mais apropriada seria outra (a de subsunção), tudo isso tendo efeitos sobre o uso de mais uma categoria básica, a de mediação. Vejamos isto um pouco melhor.

No conjunto, a argumentação de Postone é engenhosa e inovadora (apesar de críticas às vezes extremadas que recebeu, como a de Jacques Bidet (2015). É no mínimo instigante a ideia de que o capitalismo produz continuamente a sua "sombra" (a expressão não é dele) e que é essa que importa para quem se empenha em fazer emergir uma configuração histórica alternativa, na qual a "desnecessidade" se faça valer. Alternativa em relação a que? À exploração do tempo de trabalho excedente em relação ao socialmente necessário? À apropriação privada do sobrevalor socialmente gerado? Tudo isso, mas não se limitando a isso. Nisso Postone é radical, e leva ao pé da letra a ideia de que, se o adversário é o capital, este tem que ser visto pelo que é, valor que se valoriza. A raiz do problema está, pois, no valor como categoria histórica específica. Trata-se de ficar atento à emergência de algo que, longe de ser uma necessidade histórica inexorável, pode vir a se revelar como desnecessidade, no duplo sentido de que não há garantia objetiva da sua continuidade nem do seu final. Neste ponto a perspectiva muda. Temos o exato oposto das ideias sobre o caráter inexorável do fim do capitalismo que percorriam as primeiras décadas do século XX. Nisso, põe-se com força ponto de fundamental importância, se a presente interpretação tiver fundamento. Trata-se da exigência, para os empenhados na mudança, de algo como uma prontidão histórica (o termo não é de Postone) para o novo e o inesperado. Na realidade, a alternativa objetivamente propiciada em segundo plano pelo capitalismo mais avançado não seria baseada no valor, essa "forma de riqueza baseada no dispêndio de tempo de trabalho humano", como escreve ele. Na fase avançada do seu desenvolvimento o capitalismo vai liberando algo que está no seu âmago, ao ensejar aquilo que ele denomina "divisão social do tempo". Esse tempo vai passando de "necessário" a "supérfluo" para, no limite, na transformação do processo todo, tornar-se "disponível", não mais adstrito à geração de valor e pronto para apropriação e uso social.

CRÍTICA DE POSTONE

O problema da análise de Postone reside nos seus fundamentos. Comecemos pela ideia de interdependência, à primeira vista uma concepção não dialética, mais adequada a elementos de um sistema do que a momentos de um processo. Segundo ele as relações sociais são formas de interdependência social, o que equivale a dizer que a sociedade se compõe de modalidades específicas de relações. Como ele afirma enfaticamente que a interdependência sempre é mediada, a questão que se apresenta concerne àquilo que denomina "caráter específico da mediação nas relações sociais". Isso tem a virtude de lembrar algo que ele tende a subestimar, que a mediação não é diretamente relação social. Na realidade, é o que a constitui como tal e mediante ela se realiza. Aquele caráter a que se refere Postone é dado por um princípio socialmente constituído, uma "categoria de mediação social". E aqui ele estabelece sua tese mais abrangente. Com base na ideia de que o pensamento marxista consiste numa "teoria crítica das formas de mediação social", sustenta que a forma de mediação que é objeto da crítica de Marx é o trabalho gerador de valor. E este, precisamente, é a categoria de mediação social básica no capitalismo, está no seu núcleo. Disso, conclui que Marx critica as relações sociais mediadas pelo trabalho, e o faz de uma perspectiva muito específica. O ponto de vista que sustenta sua crítica é o da possibilidade historicamente emergente de outras mediações sociais e políticas que não o trabalho. Fica claro que isso não significa pregar a abolição do trabalho, mas sim a da condição histórica que o colocou na condição de referência e amarra do conjunto de relações constitutivas da sociedade.

É preciso reconhecer que dois pontos estreitamente ligados não ficam adequadamente esclarecidos nesse argumento, vigoroso contudo. Primeiro, o da natureza disso que é denominado mediação. Segundo, o da natureza da contradição. A aproximação que Postone promove, entre o movimento de mediação numa sociedade intrinsecamente contraditória e as relações que ocorrem no seu interior, encerra o risco de se perder de vista exatamente aquilo que importa, que é a contradição. Se a mediação não é pensada na sua presença em ambos os polos da contradição e na sua capacidade de, definindo os polos (do contrário não seria mediação) conectá-los sem anular seu caráter contraditório (do contrário não seriam polos) ela corre o risco de se converter em mera rede de relações. No limite isso poderia conduzir ao erro elementar de supor a contradição como se dando entre objetos (tomando-a, pois, na sua forma imediata, de confronto, oposição, conflito) em vez de no interior do objeto mesmo. Afinal, não há contradição entre capital e trabalho, mas a há no capital (fixo e variável) e no trabalho (concreto e abstrato). Diante disso a tática de Postone consiste numa manobra radical. Ao enfatizar que a sociedade com timbre capitalista se distingue pela presença de uma dominação social específica, na qual temos "a dominação das pessoas por estruturas de relações sociais abstratas, quase-independentes [ou seja, quase fora da interdependência social] mediadas por trabalho determinado pela mercadoria" (1993, p. 3), estruturas essas que, segundo ele, Marx busca identificar com categorias como valor e capital, ele repõe o problema em outro nível. Aqui não temos relações sociais sem mais, porém estruturas de relações. E, naquilo que nos interessa, tais estruturas são mediadas por forma determinada de trabalho. Nesse caso a mediação incide em relações parciais no processo todo, não nos seus extremos constitutivos. Revela-se, assim, que a ênfase está nas estruturas de relações, não no movimento mediador. Este é invocado continuamente para acentuar aquilo que talvez se pudesse denominar "eficácia" das estruturas como instâncias da dominação impessoal e abstrata que Postone identifica na sociedade capitalista. Isso pode ajudar a explicar por que ele, embora não a esqueça, acabe conferindo realce relativamente reduzido à questão, que se imaginaria central na sua análise, da forma. Pois é nela que se poderia encontrar o elo entre relações e processo contraditório abrangente, sem risco de reduzir mediações a relações. (É verdade que discutir isso a fundo exigiria exame da questão, difícil em Marx, do que se entende por relação). A questão se apresenta quando ele fala nas relações sociais como formas de interdependência social. Entretanto, em nome daquilo que chamei acima de eficácia, no exame da interdependência a atenção acaba se concentrando mais na estrutura de relações do que na sua forma. Isso acaba imprimindo certo tom estático numa análise marcada pela atenção à dinâmica dos processos. Cabe aqui lembrar passagem paradigmática do Capital, quando, ao discutir o dinheiro como meio de circulação e iniciar o exame da "metamorfose das mercadorias" no volume 1, Marx observa que "o processo de troca das mercadorias encerra relações que se contradizem e se excluem mutuamente. O desenvolvimento da mercadoria não suspende essas contradições, mas *cria a forma na qual elas po-*

dem se mover" (1957, p. 109, grifado no original). Não é por outra razão que o estilo de exposição dialético, voltado para os modos e as condições do movimento, é, antes de mais nada, uma análise dos modos de constituição das formas. Nisso, é essencialmente crítico, sempre no limite e apontando para além. Faz sentido, nesse contexto, a posição de Adorno, ao conceber sua dialética negativa como "ontologia do estado falso". Falso precisamente ao apresentar mero estado (Zustand) como constituído, quando cumpre revelar o movimento que desmente tanto o estado de coisas quanto a ontologia, como é discutido em Nobre (1998).

Um aspecto perturbador da análise de Postone consiste em que, não havendo necessidade imperativa que comande o processo histórico para além das suas variações episódicas, não há razão para supor que um processo complexo como o capitalismo avançado gere na sua dinâmica própria uma única alternativa possível. Seria mais plausível supor que fossem múltiplas. Com isso, voltamos à questão política. Quem seleciona a alternativa relevante e tem condições para impô-la ao conjunto? Como a solução da classe revolucionária foi descartada por ele com bons argumentos, abre-se um vácuo conceitual e prático, cujo preenchimento é um desafio que vale a pena enfrentar. Estamos, enfim, à beira de algo importante, um "pluralismo revolucionário" (de novo o termo não é dele, embora ele talvez nem o rejeitasse). Na realidade, o que transparece aqui é um problema na análise de Postone que, pela importância do conceito envolvido, merece ser assinalado. É que em muitas passagens em que ele fala de dominação sente-se falta de um passo a mais, no sentido de conceito tão central na obra de Marx como é o de subsunção. É verdade que esse conceito é com frequência aproximado ao de subordinação (no sentido de modalidades, formal e material, de subordinação do trabalho ao capital, no exemplo mais direto), mas ele vai mais fundo. É mais do que subordinação ou dominação. É a imposição a um momento do processo social maior da lógica própria à instância apta a fazer isso. Ou seja, daquela historicamente mais abrangente. No caso, o capital, que, exatamente na subsunção, intromete-se no processo todo e, ao fazê-lo, afirma-se como a supremacia sem a qual não se dá a inclusão no processo como momento seu. É o modo de inserção no processo maior que está em jogo, não uma relação pontual de imposição, embora a forma social assumida possa ter essa índole. Considerando-se as exigências da exposição dialética, o conceito de dominação (que envolve relação entre agentes dados) não é suficiente, por mais que se enfatize o seu caráter objetivo, impessoal, vinculado ao processo todo.

MODO E FORMA

Isso nos conduz de volta ao tema do modo e da forma, com referência à mediação social. A mediação como tal, como movimento, não é modo nem forma, é versão dialética da função. Ela se distribui pelo conjunto das formas e, com isso, permite ao modo do processo (no caso, capitalista) se desenvolver como tal. Nesse sentido fica difícil insistir, como faz Postone, no "caráter" da mediação das relações sociais (1993, p. 152 e 319). Mediações em exercício não têm caráter próprio, nem poderiam ter. Na realidade, assumem em cada momento do processo o caráter da relação social sua portadora, precisamente ao defini-la como relação. Do contrário, o conjunto ficaria bloqueado, ao invés de se manter em movimento precisamente graças à perversidade polimorfa da mediação, que se ajusta a tudo e permeia tudo. Essa qualidade da falta de qualidade própria permite-lhe, de resto, operar como regente oculta de relações sociais e também como mediadora, não no sentido de intermediária, mas como transmissora e ao mesmo tempo agenciadora de dimensão nem sempre evidente da contradição, por mais que esteja anunciada no termo. Trata-se da dimensão de resistência, de esforço, de tensão. O problema está na contrariedade socialmente gerada nas pontas do processo, que se transfere ao conteúdo no seu desdobramento e se mantém nas mediações das formas engendradas no seu desenvolvimento. Pois a forma, como aparência determinada, é expressão de algo, resultado do sair de si da matéria. Não se reduz à outra face do conteúdo, é o lado socialmente ativo do conteúdo. A substância do processo constitui-se como conteúdo de uma forma ao ser reiterado por ela, reproduzido mediante ela. A questão "por que tal conteúdo assume tal forma" é unilateral, pois o conteúdo só se constitui e se determina como tal ao encontrar sua contrariedade em forma determinada. Como sustenta Reichelt, "não cabe dizer (como Marx): como este conteúdo assume aquela forma (trabalho abstrato assumindo a forma valor e tempo de trabalho assumindo a grandeza do valor). Deve-se, sim, dizer: como se pode conceber o conteúdo a partir do desenvolvimento das formas" (2010, p. 10, nota 14). Nos termos das observações feitas até agora cabe, reciprocamente, ver como a forma determina o conteúdo como tal. Pois a forma não é mero efeito do conteúdo, é sua negação determinada. Não concerne ao conteúdo sem mais e sim a este preciso conteúdo, mediante esta precisa forma. Reichelt insiste na ideia de que a relação socialmente relevante para a identificação das formas não é determinação no sentido vago de imposição de nota característica. É da ordem do valor, como validação e vigência. Chega ao ponto de sustentar que essa validação é social até o ponto de envolver algo como o estabelecimento de uma aceitação universal da forma de relação. Valor não se refere a coisa ou a atributo dela, mas a validade, lembra ele. Esse tema é dos mais importantes, embora controverso na formulação de Reichelt. Tanto que um autor simpático a ele, Ingo Elbe (2008), chega a criticá-lo por exibir, movido nos seus trabalhos mais recentes pela preocupação com a agência em contraste com a estrutura, uma tendência a "reduzir fenômenos econômicos a socialização regulada por normas". Ou seja, haveria nele uma tendência a sociologizar demasiado a análise, ao ponto de negligenciar a dimensão propriamente econômica envolvida. Algumas observações mais recentes de Reichelt parecem reforçar a crítica de Elbe. É preciso, entretanto, considerar que sua preocupação maior consiste na formulação de uma “ontologia social do valor”, na perspectiva da constituição social do caráter objetivo do valor (para o que vai buscar apoio em Adorno e em Simmel, na ideia da “abstração real”). A perspectiva social, contudo, tampouco pode ser negligenciada. Em outro registro (certamente não sociológico), relativo a uma “dialética da sociabilidade”, José Arthur Gianotti lembra que “uma coisa não aparece transformando-se noutra, o atributo não possui um princípio interno de diferenciação, de modo que o peso e a brancura pudessem servir de motor da diferença. [...] Atrás da perdurabilidade da coisa, da sua identidade lógica, que permite a referência do nome próprio, se esconde um processo social de avaliação e transformação”. Por outra parte, “A objetividade sui generis do valor está ligada a um processo formal de diferenciação; a forma surge ilusoriamente dotada de um movimento de autopromoção” (1983, p. 241). Na perspectiva de Reichelt é precisamente essa ilusória capacidade do valor de se puxar pelos próprios cabelos no melhor estilo Münchhausen que lhe permite reger o processo social de avaliação, ao validar a coisa e sua transformação.

JOGO DE ESPELHOS

Tudo isso certamente não anuncia algo como uma harmonia espontânea entre essas dimensões da vida social. No processo em curso, a vida social vai se tornando passo a passo mais indireta e vai escondendo suas balizas. E isso não porque se torne mais cerrada e sem lacunas. Mas, pelo contrário, porque se multiplicam no seu interior os hiatos, os descompassos, e eles são de ordem temporal: pausas e andamentos desconexos, interferências de frequências, “choques temporais”, como escreve Roy Bhaskar num dos livros mais desconcertantes sobre dialética, com o título fascinante, que Hegel apreciaria, "o pulso da liberdade" (2008)[3]. É aqui que se desenrola a dinâmica mais funda do processo todo. É também aqui o cenário da dinâmica entre modo e forma. O trabalho some no seu resultado, que o absorve; a produção é absorvida na circulação; nesta, o produto aparece como dado originário, na forma de ente permutável, de mercadoria; o modo de trabalho produtivo de valor aparece na forma da organização e da gerência, com o trabalho como subordinado, e assim por diante. Sem esse jogo de fintas e esquivas seria impossível a reprodução. Nisso é fundamental o jogo entre modo e forma. Entre, por um lado, o modo de intervenção socialmente organizada no mundo e de geração de formas e, por outro, a forma de apresentação da operação do modo (mediante as relações que ele engendra) e da sua reprodução. Importante, nesse ponto, é que entre o modo e a forma se introduz uma fenda, que deriva das diferenças de temporalidade entre um e outra. Em consequência, a forma nunca se apresenta direta, linearmente, porém o faz de maneira cada vez mais refratada. Atingimos aqui outro argumento central: o de que o movimento do processo total é marcado por duas modalidades de descompasso, um hiato temporal entre formas nas suas relações e uma refração na imagem que apresenta. Ou seja, à dimensão estritamente temporal junta-se uma espacial, e ambas formam uma unidade. As formas nunca são de "primeiro grau", pois o mundo das formas vai se descolando do mundo dos modos. Isso não se dá ao acaso, porém. Se couber o termo, trata-se de descompassos determinados. Há, no processo, uma ordem no conjunto de refrações e uma natureza específica de cada relação envolvida, de cada "prisma" (o termo é de Gramsci, que percebeu esse

3 Bhaskar teve forte impacto no marxismo inglês, e a escola do "realismo crítico" da qual é representante eminente tem conhecedores de qualidade no Brasil, a começar pelo sociólogo brasileiro (por adoção) Frédéric Vandenberghe, que já começa por ele seu livro *Teoria social realista* (2010). Ver também Cynthia Hamlin, "Realismo crítico. Um programa de pesquisa para as ciências sociais" (2000). Para uma apreciação crítica, ver Alex Callinicos, "Critical realism and beyond - Roy Bhaskar's Dialectic" (2008).

fenômeno), assim como o descompasso temporal depende de temporalidades que em nada são casuais.

Em grande medida deriva disso o caráter "obscuro" das relações no mundo regido pelo capital, analisado, com rigor não presente aqui, no campo da articulação lógica do conjunto por Ruy Fausto. "A dialética é de certo modo *fenomenologia da obscuridade*", escreve ele (1987, p. 150, grifo no original). O fetiche sempre se apresenta e o caráter espectral do processo não só é inevitável como é necessário para o encadeamento do processo todo. Em exata oposição a Max Weber o mundo do capital é cada vez mais "encantado", intrincado, difícil de decifrar no seu modo de operar, a despeito da brutal evidência dos seus efeitos. Em escrito dedicado a esse tema, Christopher Arthur (2004) adota título em homenagem ao livro de Jacques Derrida sobre o "espectro de Marx" (no qual Derrida comenta, logo no início, que "o fantasma se apresenta para lembrar [Hamlet] do dever, também em relação ao seu pai morto. É isso que desloca dos gonzos o tempo, de tal modo que o alinhamento do morto com o vivo constitui uma espécie de temporalidade impossível", no que evoca o caráter espectral do movimento do capital e o cruzamento de temporalidades entre trabalho vivo e trabalho morto). A ideia do tempo "fora dos gonzos" merece exame atento, como de resto já teve entre nós com Eduardo Rinesi (2009). Ao examinar o valor, em relação ao qual leva a sério a afirmação de Marx de que ele tem de fato caráter "metafísico", Arthur vale-se da ideia de Bhaskar de que em processos dialéticos é mais importante a "ausência" do que a "presença". Isso porque o "vazio", o "nada" da ausência (que é mais um deslocamento, um "distanciamento" do que mera perda) é tão real quanto a presença. Na realidade, é um "vazio determinado", conformado pelo processo que o causou e que deve ser enfrentado, como índice de coerção e carência de liberdade que é. É difícil pensar um tratamento desse tema sem reservar ao tempo (ao seu "pulso", esse é o ponto) papel fundamental nesse jogo da ausência e da presença, de vazio e de pleno, no qual emerge a promessa da liberdade, que, naquela interpretação, seria o grande projeto inscrito na dialética. Por outro lado, é importante nas formulações de Arthur a ideia, que compartilha com Postone e por essa via com Adorno, de que a dinâmica temporal capitalista vai revelando caráter compulsivo, numa espécie de fixação no presente, reiteração linear, acumulativa. Impulso compulsivo esse que pode ser vinculado à dinâmica da valorização no capital. Poderíamos acrescentar que isso contrasta com um possível processo com caráter formador, multidimensional, gerador de novas formas.

ARTIMANHAS DA DIALÉTICA

Por detrás de tudo isso está o caráter muito peculiar do movimento de contradição dialética, em que a coisa é ela própria e seu contrário, num movimento que só pode aumentar o escândalo e a perplexidade dos adversários dessa forma de exposição de determinados níveis de processos sociais. Pois o importante nisso nada tem a ver com a suposta, e absurda, tese de que no mesmo passo seja possível A e não-A. O trickster dialético é mais sutil. Em processos sociais como o da gênese e do desenvolvimento do valor (e é disso que se trata, não de alguma "dialética da natureza"), o truque consiste precisamente em que, embora a coisa se desdobre em si mesma e no seu contrário, os contrários não se mesclam. A questão não é a de uma impossível simultaneidade de A e não-A, mas da necessidade da sua copresença. Sob pena de não se realizar como tal (esse é o ponto) A carrega consigo não-A, como presença real porém não idêntica, como sombra indelével prestes a inverter posições. Não é uma questão de identidade fixa, mas de formação móvel, e essa mobilidade se deve àquela não-identidade, expressa na mediação. É por isso que se trata de movimento e não de estado. E é por isso que cabe falar de contradição na sua acepção dialética, não analítica. Mercadoria é mercadoria e é dinheiro. Não identidade simples nem ambas as formas emaranhadas, contudo. Cada qual somente se dá na sua referência intrínseca à outra. Significa isso que conteúdos sem mais não entram em contradição entre si. Tomados tal como se apresentam (mais valeria dizer, tal como não têm como se apresentar), são inteiriços e separados, abstratos, não têm como entrar em relações. Só ganham mobilidade pela sua condição de entes socialmente engendrados, ao assumirem internamente formas sem as quais não têm como se realizarem ao longo do tempo, não têm como ir além de meros "momentos" no curso de um todo também abstrato. A contradição se dá entre formas assumidas no interior do mesmo conteúdo no processo da sua existência e reprodução. Só isso permite o aparente paradoxo de afirmar, sem prestidigitação verbal, que é pelo lado da forma que se define a contradição como material, como própria à coisa mesma, e não como mera ideia. Própria à coisa mesma, ou seja, mediada na (e não pela) forma. No sentido rigoroso do termo a matéria é determinada na forma que assume e é posta em movimento pelo enlaçar-se das metamorfoses (e não o oposto, como quer o materialismo ingênuo). Estamos, de novo, diante de cenário peculiar, com sombras, hiatos e refrações que só exibem os traços dos personagens ao olhar, a audição e o senso rítmico mais atentos. Eisenstein poderia ir bem longe no seu filme sobre o *Capital*.

Uma questão conexa e relevante é aquela, formulada com especial ênfase pelos criadores da teoria crítica da sociedade, de movimentos historicamente regressivos, em aberto contraste com a ideia de progresso irreversível. Se essa regressão for pensada como uma espécie de retrocesso na linha temporal a ideia perde muito do seu interesse. Não assim, entretanto, se pensarmos a regressão como modalidades específicas de composição e entrelaçamento de ritmos temporais, como parece ocorrer quando se tem um movimento do capital no qual o uso intensivo de recursos high tech se une à reativação das formas mais cruas de superexploração e acumulação. O que leva a lembrar que, num mundo de multitemporalidades, não há regressão ou progresso sem mais, e sim modalidades várias de sua combinação.

RESISTÊNCIA E COMPULSÃO

A isso se acrescenta ponto já referido acima, sobre a questão da força e da resistência. Resistência da matéria ao trabalho que a violenta, do produto ao valor que o dilacera em mercadoria, do trabalho ao capital que o explora, de uma forma a outra forma que disputa o mesmo conteúdo. Um campo tenso de embates, que ganham forma social em múltiplos conflitos. Não se trata, entretanto, de algo do feitio da luta de classes interpretada na sua versão mais simples, como inteiriça e frontal. São embates enviesados, não lineares, até porque nada é linear sob o capital, nem mesmo a luta de classes, que é real, porém intrincada e envolvida na constituição das próprias classes. Na perspectiva aqui adotada (na qual, diga-se de passagem, classe não é um grupo social sem mais, e sim um princípio de organização no interior da sociedade) não se trata propriamente de embates e sua forma social não é invariavelmente de conflitos, mas de modalidades específicas de descompassos de ritmos e andamentos temporais. Nisso revelam-se históricas, num sentido exigente do termo.

Se somarmos o caráter sempre refratado das relações nessa específica ordem social regida pelo capital ao jogo da imposição de formas e das resistências e consideramos que tudo isso se realiza sob múltiplas modalidades de movimento (outro termo difícil, que podemos neste passo entender como significando mudança continuada que modifica o caráter do objeto – com o que o aproximaremos, creio que legitimamente, da ideia de "formação"), fica patente que, sem um acurado estudo da dimensão temporal não se poderá avançar. A questão da resistência remete ao cerne mesmo do movimento dialético, naquilo que concerne aos momentos de externalização e internalização. Pois a medida é a face externa, espacial, daquilo que, pelo lado interno, temporal, é o limite. E o jogo entre ambos percorre o processo todo. Nesses termos, a continuidade como par dialético do limite na dimensão temporal pode também ser pensada na dimensão espacial, como par da medida. Admitindo-se que as dimensões temporal e espacial formam unidade, a continuidade poderia ser concebida como "categoria de mediação" que possibilita as relações no interior de cada qual e entre elas. Quando avançamos na identificação dos seus momentos de manifestação podemos nos aproximar de situações extremas no processo que nos interessa, aquele regido pelo valor. Pois, se o valor não é ponto terminal, nem mesmo sua valorização o é. De certo modo o valor resiste a se converter em mais valor, a valorizar-se na sua figura extrema, que, no entanto, não cessa aí. Pois o mais valor, na sua dinâmica incontida, tende a nova figura, muito singular, uma figura não dialética, que não envolve desdobramento e sim um puro mais, um avanço "automático", a figura perfeita da desmedida, ao distender sem limite a medida sem a qual não existe. Nesse movimento sonega-se à dimensão temporal a continuidade, que, desprovida de limite, perde sentido. O incremento automatizado não tem mais como assumir forma, é movimento puro, "fibrilação", crise na sua acepção mais acabada. Isso, contudo, não significa o fim do processo, pois, ao contrário dos seus demais momentos, não engendra resistência. Engendra, sim, a distopia perfeita da crise permanente. Não final, contudo. Pois se o valor perde sua dimensão de medida (de limite, fronteira como diz Marx em várias passagens), mantém sua capacidade de validação da vigência de processos. Nesses termos, é possível deixar o território no qual o valor reina pleno sem abandonar o domínio do capital, ao contrário do que supõe Postone. Só não se atinge a crise permanente, autoalimentadora, quando as múltiplas modalidades de resistência geradas no interior do processo (esse é o ponto) conduzem a formas sociais adequadas à contenção do impulso desabalado (o "freio" de Walter Benjamin) e à constituição de formas alternativas. A expressão "adequadas" tem certa ressonância lukacsiana. Lukács soube fazer, em História e consciência de classe, uso criativo dela. Embora bastante problemática numa perspectiva dialética, aquela ideia é poderosa o suficiente para merecer atenção e uso cuidadoso. Isso talvez possa ser especialmente fecundo se a essa ideia se juntar outra, essa sim poderosa, de condensação; no caso, condensação de múltiplos movimentos, naquilo que, recorrendo a Gramsci fora de contexto, se poderia também denominar catarse. No mesmo passo, transparece que movimento corresponde a uma categoria crítica, cuja exposição não pode se restringir a acompanhá-lo em ideia, mas deve mostrar até onde é capaz de ir, e em nome de que.

FORMAÇÃO E REGIME TEMPORAL

A questão da formação, a que se aludiu acima, mereceria atenção bem maior, e não pode passar inteiramente em branco. Nas suas principais obras Marx não estava preocupado com esse tema na sua concepção alemã clássica, voltado como estava para os grandes panoramas históricos e de modos de produção que lhe permitissem entender a dinâmica do capital. Por essa razão, está mais interessado em conjuntos de formas, Formation, do que em formação de sujeitos autônomos, Bildung. A questão da formação no sentido que lhe foi reservado no grande pensamento idealista alemão, com o uso que propicia das ressonâncias significativas das palavras, merece lembrança no mínimo porque está no centro do tema de fundo das presentes considerações, relativo às formas sociais da experiência. O modo como o conjunto de formas integradas na sociedade moldada pelo capital se faz presente na formação dos seus integrantes suscita desde logo questões perturbadoras. Limito-me a sugerir como Bildung (figuração, geração de forma, formação) é termo complexo, que se desdobra em dois momentos relativos à constituição de sujeitos sociais, numa cabal efetuação da dialética do interno e do externo. O primeiro deles concerne à externalização, à Erfahrung, à saída de si na qual o sujeito ganha conteúdo para retornar modificado. O segundo diz respeito à internalização, à Erinnerung, na qual os resultados da travessia são incorporados, prontos para outro passo. O primeiro é da ordem da experiência e o segundo, da ordem da memória. Um remete ao que se fará no mundo e ao que permanecerá disso, à tensão entre presente e futuro, à aventura se quisermos. O outro diz espeito aos traços, às marcas deixadas pela travessia, àquilo que se retém na passagem do tempo. Juntos, conferem o tom e o timbre próprios a temporalidades particulares, que se juntam e se combinam entre si no contexto maior da vida social em condições históricas específicas. Não são agência e estrutura que importam aqui, mas, para evocar Ortega fora de contexto, eu e minha circunstância (ambas mutáveis, ambas imersas no tempo, no jogo entre continuidade e limite, Fausto exortando o instante fugidio, "permanece, és tão belo").

Lukács viu muito bem que o modo de vida regido pelo capital gera uma configuração "espacializada" do tempo, numa análise que, ao seu modo, Postone retoma ao falar de "tempo abstrato". Ou seja, tempo linear, homogêneo, apto a ser dividido em segmentos de magnitude uniforme, impessoal porque independe das flutuações geradas pelas condições de vida das pessoas. É possível antecipar, agora, uma questão que me parece legítima e para a qual dificilmente encontraremos resposta cabal na literatura. Na passagem do capitalismo para formas mais avançadas, financeirizadas, digitalizadas e assim por diante, essa modalidade de tempo se acentua ou tende a ceder lugar a alguma outra, a ser descoberta? Uma conjectura plausível parece ser que o puro tempo abstrato linear e como que balístico não dá conta das novas condições que se vão gerando. Isso vale ainda mais se levarmos a sério a referência ao abstrato, pensando o tempo como se desligando do processo maior, ganhando fisionomia própria, como que se tornando autônomo. Essa hipotética autonomia suscita questões difíceis. Talvez a mais séria entre elas seja aquela que traz para exame aspecto do problema que aqui não foi nem mesmo lembrado até agora. É que não podemos incorrer no engano de imaginar processos sociais e históricos complexos, a exemplo de modos de produção, como simplesmente ocorrendo no tempo. Pois isso levaria a perder de vista o principal, a ideia que Lukács tem o mérito de pelo menos ter entrevisto, de que modos de produção (e processos afins) não são meras ocorrências ou modos de devir, mas engendram suas próprias temporalidades. Têm (para tomar de empréstimo termo central em Weber para caracterizar a lógica interna dos tipos de ação) sua própria, intrínseca temporalidade (mais precisamente, seu regime temporal, com múltiplas temporalidades entrelaçadas). Perante tudo isso põe-se a questão de como conceber essa dimensão em termos mais abrangentes e flexíveis.

O ARCO E A FLECHA

O tempo não pode ser concebido como trajetória ou reduzido à condição de medida, sob risco de simplesmente reproduzir o modo como ele se apresenta na específica ordem social que nos cabe examinar, o que significaria enredar-se na ideologia. Como pensá-lo, então? Para encaminhar a questão, vou retomar tema central desenvolvido no capítulo anterior deste volume, sobre "temporalidades" e introduzir uma imagem importante. Trata-se da ideia da natureza irreversível dos fluxos temporais, na figura da "flecha do tempo". A imagem é boa, desde que mudemos a perspectiva do olhar. Não é a trajetória da flecha que importa, e sim a vibração da corda e do arco no preciso momento do lançamento. É fundamental que não se perca de vista que a "corda" é mais propriamente um "cabo", com múltiplos fios entrelaçados. Pois isso sustenta a ideia envolvida, de que os fios vibram com frequências e andamentos diferentes entre si. No conjunto, eles compõem o timbre e o ritmo próprio do lançamento (da relação), que se transmite à flecha e é transportada por ela. Não por acaso surge aqui a ideia de transporte. Ela é muito importante, num pensamento que concebe a relação de modo complexo e sutil e que se ocupa muito com transições e mudanças de forma. Trata-se, é claro, de formulação metafórica, que não tem outro objetivo (mas ele me parece da maior importância) senão propor, mediante concepção alternativa, que as visões convencionais da dimensão temporal são insuficientes e precisam ser revistas. Nessa perspectiva, o tempo não é mera linha ou trajetória e tampouco meio no qual ocorrem eventos. É aquilo sem o qual sequer se pode falar de eventos. O tempo de trabalho pode ser uma métrica conveniente quando se trata de atribuir magnitude a processos produtivos; mas não é propriamente de tempo que se trata nessa condição, e sim de imposição de medida. Falar de tantas horas para tal tarefa ignora inteiramente o caráter do tempo envolvido, embora seja conveniente para se formularem contratos, num modo de sociedade que os exige. Pensando nos termos de Postone, numa sociedade livre do império do valor, em que o tempo se tornasse dócil à convivência humana, tal métrica até poderia ganhar sentido para além da mera mensuração. O tempo guarda, sim, íntima relação com a medida, porém não como instrumento, meio. Já vimos que, na realidade, pode ser visto como se desdobrando em dois polos, da continuidade e do limite. É na tensão entre eles (o do perder-se no andamento e o da definição de referências para a parada) que se instala o movimento de autovalorização do valor, do capital à solta (o velho terror de Adorno, o precipitar-se sem peias), do valor que, no seu impulso interno cada vez mais autônomo e autocentrado, reflui na mera acumulação retilínea, que só se defronta às cegas com barreiras a serem ultrapassadas. A autovalorização do valor é a realização paradigmática da experiência frustrada, de estar fora de si sem sair de si, de relacionar-se consigo mesmo, daquela desmedida que merece ser denominada êxtase do valor, episódio perfeito de alienação se quisermos dar algum sentido ao termo.

A ideia básica envolvida nessa perspectiva é a de múltiplas temporalidades entrelaçadas nas relações e processos sociais (os lançamentos do arco), que lhes dão frequências, intensidades e ritmos específicos. Assim, a temporalidade escandida por fios com textura de interesses, competição e indiferença é diversa daquela formada por expectativa, colaboração e solidariedade. Recorre-se nisso, certamente, a linguagem metafórica. Talvez tenhamos que reconhecer, todavia, que uma componente metafórica é inerente à exposição dialética. Afinal, estamos lidando com um mundo de deslocamentos, de passagens, um mundo verrükt, como diria Marx, ou seja, deslocado, enlouquecido, fora de si, metafórico no sentido exato do termo. O problema não é que haja metáfora, mas que seja certeira (no caso, sinuosa) o suficiente.

LEVEZA E PRECISÃO

A conclusão que emerge de tudo isso é a de que, nas condições que se vão desenhando no mundo, a atenção às diferenças finas, em especial no que concerne aos ritmos temporais, torna-se cada vez mais importante para discernir a emergência de mudanças, por vezes de grande porte, que podem advir de flutuações sutis na ordem do tempo. Basta pensar nas consequências imensas, e imediatas, que no mundo digital pode gerar o entrelaçamento de pequenas decisões. Para tanto é imprescindível a combinação mais íntima de leveza e precisão naquilo que mais do que tudo importa para enfrentar o mundo que vem: a mobilidade. Tal mobilidade não se confunde com velocidade ou aceleração. No sentido mais fundo é algo que se vai além da mera destreza na resposta rápida. É toda uma forma de sensibilidade aos ritmos e andamentos da sociedade que está envolvida nisso, coisa que exige novas regras não durkheimianas do método, dialéticas, talvez. Tendo sido evocada antes a figura do arco e da flecha, ocorre pensar na concentração não compulsiva e na prontidão precisa do arqueiro atento ao mínimo movimento do peixe na correnteza. Ou, em registro mais suave, o belo lema de escola de surfe em comunidade cearense, "esticadores de horizontes". E, pensando em nossa epígrafe de inspiração africana, por que não a capoeira? Essencial na mobilidade, enfim, é o modo como nela respira a crítica, pronta para escapar à reiteração do mesmo e indicar o ponto limite onde se vislumbra o outro. É essa a tarefa que se desenha no horizonte, e as observações aqui anotadas não tiveram propósito outro senão chamar atenção para ela.

REFERÊNCIAS BIBLIOGRÁFICAS

ARTHUR, Christopher J. *The spectre of capital. In: The new dialectic and Marx's Capital.* Leiden: Brill, 2004. p. 153-174.

BACKHAUS, Hans-Georg. Materialen zur Rekonstruktion der Marxschen Werttheorie. In: *Gesellschaft. Beiträge zur Marxschen Theorie 1.* Frankfurt am Main: Suhrkamp, 1974. p. 52-77.

BHASKAR, Roy. *Dialectic - the pulse of freedom.* Londres: Routledge, 2008.

BIDET, Jacques. Miséria da filosofia marxista: Moishe Postone leitor do Capital. In: *Crítica Marxista,* 2015. p. 41.

CALLINICOS, Alex. Critical realism and beyond - Roy Bhaskar's Dialectic. In: Jacques Bidet & Kouvelakis, Stathis (Orgs.). *Critical companion to contemporary Marxism.* Leiden: Brill, 2008. p. 567-585.

CAMARGO, Silvio. Teoria crítica e dominação na obra de Moishe Postone. *Mediações,* 18/2, 2013. p. 118-132.

COHN, Gabriel. Temporalidades. Sobre flechas e feixes temporais. In: D'INCAO, Maria Angela (Org.). *Domínio das tecnologias. Ensaios em homenagem a Hermínio Martins.* Presidente Venceslau, SP: Letras à Margem, 2015. p. 43-53.

ELBE, Ingo. Resenha de Helmut Reichelt. Neue Marx-Lektüre. In: *Marx-Engels Jahrbuch 2008,* 2008. p. 158-162.

FAUSTO, Ruy. Pressuposição e posição. Dialética e significações "obscuras". In: *Marx: lógica e política. Para uma reconstituição do sentido da dialética.* São Paulo: Brasiliense. Tomo II, 1987. p. 149-198.

______. Abstração real e contradição: sobre o trabalho abstrato e o valor. In: *Marx: lógica e política. Tomo I.* São Paulo: Brasiliense, 1983. p. 89-138. Reeditado em 2015 pela Editora Vozes com o título *Sentido da dialética (Marx: lógica e política). Tomo I.*

GIANNOTTI, José Arthur. *Formas da sociabilidade capitalista. In: Trabalho e reflexão. Ensaios para uma dialética da sociabilidade.* São Paulo: Brasiliense, 1983. p. 216-299.

GRESPAN, Jorge. A dialética do avesso. In: *Crítica Marxista,* 14, 2002. p. 26-47.

______. A desmedida do capital. In: *Cadernos de Ética e Filosofia Política,* 2008. p. 7-16.

HADDAD, Fernando. Trabalho e linguagem. Para uma redialetização do materialismo histórico. In: *Lua nova,* 1999. p. 5-29.

______. *Trabalho e linguagem. Para a renovação do socialismo.* Rio de Janeiro: Azougue, 2004.

HAMLIN, Cynthia. Realismo crítico. Um programa de pesquisa para as ciências sociais. In: *Dados – Revista de Ciências Sociais,* 43/2, 2000. p. 373-398.

MARX, Karl. *Das Kapital. Kritik der Politischen Ökonomie. Livro 1.* Berlim: Dietz Verlag, 1957.

NOBRE, Marcos. *A dialética negativa de Theodor W. Adorno. A ontologia do estado falso.* São Paulo: Iluminuras, 1998.

Postone, Moishe. (1993). *Time, labor, and social domination.* Cambridge: Cambridge University Press

______. Rethinking Marx (in a Post-Marxist world). In: CAMIC, Charles (Org.). *Reclaiming the sociological classics.* Oxford: Blackwell, 1995. p. 45-80..

REICHELT, Helmut. Zur Konstitution ökonomischer Gegenständlichkeit: Wert, Geld und Kapital unter Geltungstheoretischen Aspekt. In: BONEFELD, Werner & HEINRICH, Michael (Orgs.). *Kapital und Kritik. Nach der neuen Marx-Lektüre.* Hamburgo: VSA Verlag, 2010.

______. Que método Marx ocultou? In: *Crítica Marxista,* 33, 2011. p. 67-82.

______. *Sobre a estrutura lógica do conceito de capital em Karl Marx.* Campinas: Editora Unicamp, 2013.

RINESI, Eduardo. *Política e tragédia. Hamlet, entre Hobbes e Maquiavel.* Rio de Janeiro: Azougue Editorial/Fapesp, 2009.

VANDENBERGHE, Frédéric. *Teoria social realista.* Belo Horizonte: Ed. UFMG/ Iuperj, 2010.

POSFÁCIO

POR EDUARDO RINESI

Composto por um conjunto de textos publicados aqui e ali nos últimos anos (todos notáveis, todos caracterizados por aquela rara combinação de sutileza e penetração que seus escritos sempre tiveram), o livro que Gabriel Cohn apresenta aqui é, no entanto, uma contribuição particularmente sistemática e coerente para nossa compreensão dos problemas da política contemporânea em nossos países. O conjunto destes trabalhos encontra sua inspiração e seu motivo em um sentido de alarme ou perigo: nossas sociedades são sitiadas pelo certo risco de que a combinação da implantação de padrões produtivos cada vez mais exclusivos e excludentes com comportamentos individuais e coletivos demasiadas vezes marcados pelo autoritarismo e pela irresponsabilidade acabe por corroer as frágeis instituições que garantem entre nós as condições mínimas para sustentar uma vida pública civilizada. Cohn nos convida a pensar nos termos clássicos que nos levam a associar a noção de *civilização* com a de *cultura*, entendida como formação ou cultivo da humanidade (voltaremos a esta outra pequena palavra: humanidade), e a opor esta *civilização* à *barbárie*, cujas novas formas, em nossas sociedades capitalistas atuais, estes textos nos ajudam a compreender e a problematizar. Diante deste perigo, diante desta ameaça, Cohn retoma os ensinamentos dos grandes textos da sociologia clássica e contemporânea, revê os principais capítulos do pensamento social brasileiro do século XX, e com estes materiais constrói uma abordagem particularmente enriquecedora dos desafios que enfrentamos em relação à afirmação, contra estas temíveis formas de barbárie das quais temos novas evidências a cada dia, de um tipo de sociedade republicana e democrática.

Estes desafios são particularmente exigentes porque devem enfrentar um par do que poderíamos chamar de tendências "estruturais" em nossas sociedades. Uma, talvez constitutiva da própria lógica da modernidade, é aquela que, ao colocar a questão da utilidade e do *interesse* no centro de nossas vidas e de nossas representações, promove a separação dos sujeitos e não o estabelecimento de vínculos que os unem, como a lógica da política. Este é um problema sério, pois esta *separação*, associada à percepção de que os interesses dos sujeitos podem muitas vezes divergir e entrar em conflito, tende a fazer da guerra a lógica primária com a qual se deve pensar as relações entre eles. Estamos no coração da teoria republicana moderna: se quisermos nos opor a esta lógica de *guerra* com uma lógica de *paz*, precisamos pensar nas formas pelas quais podemos construir, através de quaisquer artifícios necessários, um espaço público onde esta separação possa ser superada pelo exercício de uma deliberação virtuosa entre os cidadãos. A outra tendência a que nos referimos, que é a que indicamos no início destas linhas, é a que vem substituir o movimento para a incorporação na vida social de novos grupos que chegaram ao seu coração econômico, social e político, por assim dizer, de suas margens, que é o movimento que tinha caracterizado as sociedades capitalistas em seu estágio mais expansivo e promissor, por um movimento contrário à exclusão daqueles atores que, em um sistema produtivo cada vez mais restritivo, não têm mais nenhum papel a desempenhar e podem e devem ser - por meio de diferentes mecanismos de "seleção" - deixados de fora ou jogados borda fora. O problema que Cohn aponta em relação a esta questão é que esta lógica de exclusão é acompanhada, como "uma marca fundamental do funcionamento do sistema político e econômico na fase atual do capitalismo", por uma generalizada indiferença e irresponsabilidade de todos (e muito especialmente dos grandes atores da economia) pelo destino daqueles que são assim expulsos dos próprios benefícios da vida em sociedade. Esta é a barbárie de nossa sociedade contemporânea.

Como contraponto a estes dois problemas, duas tarefas aparecem no argumento desenvolvido por Cohn, que ele diz que precisam ser realizadas. Uma, diante da lógica de separação que domina as relações entre pessoas e grupos, é estabelecer um espaço público para processar, através de deliberação cidadã, os desafios enfrentados pela sociedade. O problema, assinala Cohn, é que no Brasil (mas o mesmo poderia facilmente ser dito dos países latino-americanos como um todo), um estilo muito menos cooperativo do que punitivo tende a prevalecer no modo de pensar sobre a esfera pública (já que Cohn introduz aqui o nome de Horacio González, gostaria de mencionar seu precioso livro *Fusilamientos*, sobre o tema da mais ostensiva e brutal violência estatal como chave para a fundação e, posteriormente, o desenvolvimento de uma história nacional), possessiva e predatória. Vamos nos concentrar nestas duas últimas características, que são as que Cohn mais destaca: em nossos países, o público tende a ser considerado como objeto de usurpação ou apropriação por atores privados, e especialmente pelos agentes econômicos mais poderosos (cujo comportamento ao longo da história tem sido caracterizado por um espírito decididamente anti-republicano, como aponta Cohn em sua recuperação do problema da república no trabalho de Chico de Oliveira), e isto produziu o efeito de uma ampla representação da esfera pública em nossas sociedades como uma área vazia, e não como uma esfera conducente à solução dos problemas de sua vida comum através de um tratamento respeitoso entre os cidadãos. A outra tarefa que parece ser indicada aqui diante dos problemas mencionados acima é a de combater a *indiferença* que preside a nossa vida coletiva com a *responsabilidade* dos atores por suas ações. Cada um dos atores da vida social deve realmente ser responsável, escreve Cohn, no sentido de que eles devem ser capazes de *responder* por suas ações perante todos os outros, inclusive – já dissemos que o assunto é importante para nós e que voltaremos a ele – para a humanidade como um todo. A responsabilidade aparece no argumento que se desdobra neste livro como o exorcismo dos mecanismos da indiferença que prevalecem em nossas sociedades e como a própria condição para o desenvolvimento, nessas sociedades, de um tipo civilizado de vida. A civilização de uma república democrática contra a barbárie da indiferença e do desrespeito aos outros.

Neste livro Cohn pensa no cumprimento destas duas tarefas como parte decisiva do que ele chama de um processo civilizador, que por sua vez nos convida a conceituar – e este é um ponto muito alto de todo seu argumento – como uma dimensão fundamental do que se entende pela velha palavra "desenvolvimento". Ele salienta que não pode mais se referir apenas ao desdobramento puramente linear e objetivo ascendente de um conjunto de variáveis econômicas, mas deve aludir ao processo de enriquecimento e densificação de um conjunto de relações necessariamente democráticas, deliberativas e reflexivas. Contra a ideia de desenvolvimento como mero crescimento, Cohn argumenta aqui, então, a ideia de desenvolvimento como um processo complexo; contra a ideia de desenvolvimento meramente econômico, a ideia de desenvolvimento político; contra a ideia de um progresso que se desdobraria ao longo de um único eixo temporal, a ideia de um que articulasse diferentes temporalidades e diferentes ritmos. Isto nos desloca, se me permitem uma fórmula um tanto esquemática, do problema – que nos ocupava até aqui – do espaço (do espaço público, da discussão "dentro" e "fora" de uma sociedade que tem que encontrar os mecanismos para conter em seu meio aqueles que hoje, indiferente e brutalmente, expulsa) para o problema do tempo, uma questão fundamental deste capítulo sobre a questão do desenvolvimento que estamos discutindo agora, neste livro. De tempo, ou talvez, mais precisamente, de tempos. Do tempo, mas não pensado como uma linha reta sem estremecer ou sacudir, mas concebido como uma articulação complexa de tempos e velocidades diferentes (de vibrações, escreve Cohn em várias ocasiões). "The time is out of joint", diz o príncipe Hamlet em uma frase que Gabriel cita e explora em toda sua polissemia. Porque nela a palavra "tempo" significa, naturalmente (e geralmente é traduzida para nossos idiomas desta forma), "mundo", "coisas": "O mundo está fora do eixo", "Tudo está de cabeça para baixo", "As coisas estão de cabeça para baixo". "De ponta cabeça", como escreve Cohn e como me lembro do título da versão brasileira da bela obra de Christopher Hill *O mundo de ponta cabeça*, que eu li anos atrás em São Paulo. Mas também significa "tempo", ou tempos, no plural, ou "época", ou "esta época", uma concentração ou condensação necessária de muitos tempos diferentes, o que torna esta conhecida, difícil e poderosa frase shakespeareana uma reflexão preciosa sobre esta mesma questão da pluralidade dos tempos, ou as diferentes vibrações, pulsos ou velocidades que o tempo dos homens e das sociedades sempre tem, que Cohn estuda em sua sugestiva reconsideração do velho problema do desenvolvimento em chave política, democrática e republicana, civilizacional.

Estou certo de que Gabriel me permitirá dar mais alguns passos aqui. Em *Espectros de Marx*, do final do século passado, Jacques Derrida considera quatro traduções francesas da famosa frase do infeliz príncipe da Dinamarca. Não importa aqui o que eles são, nem quem é responsável por eles. O que importa aqui é que Derrida não considera uma tradução muito antes daquelas que estuda (todas do século XX), que é a feita por François-Victor Hugo, filho do autor de *Les Miserables*, durante o exílio que ambos passaram juntos "em uma ilha fora da França" (entendemos: na Inglaterra) nos anos do Segundo Império. O jovem Hugo traduziu a frase que agora estamos discutindo como "*Cette époque est détraquée*", e talvez não seja totalmente inútil deter-se por um momento nesta expressão francesa. Porque *dé-*

traquée ("decomposto": o tempo, os relógios e as cabeças dos loucos se decompõem em francês) é uma palavra que vem de *trace*, "traço", "caminho", e cuja etimologia alude a algo como "ter sido retirado do caminho ou da rota". O mesmo, a propósito, que o português - e também o espanhol - "de-rota". Exilado, tirado do caminho de sua vida política em seu país, Hugo lê Hamlet como uma reflexão sobre a derrota. Mas este não é o ponto, aqui, para nós. O que nos interessa aqui são aqueles outros derrotados, aqueles outros "expulsos do caminho" da vida social contemporânea, que são os sujeitos descartados pela dinâmica de expulsão do capitalismo de que Gabriel fala neste livro. Estes "remanescentes" de um sistema social que não parece ser capaz ou disposto a abrir espaço para todos e que os trata com aquela indiferença bárbara de que estávamos falando, que é a tarefa do desenvolvimento entendido como um processo civilizatório a ser transformado em responsabilidade e consideração. A propósito, uso a palavra "resto", que é uma palavra hamletiana. Em Hamlet, de fato, há muitos que foram empurrados para fora do caminho da história e transformados em restos mortais. Permanece que deve descansar e não mais perturbar: "Descanse, descanse, espírito perturbado!" Mas que não descansam, que não se resignam a ser deixados à beira da estrada e que retornam a seus próprios dispositivos. Adifícil questão do tempo em Marx é também um tema deste livro. E o tema de Benjamin, também. Não há justiça (justiça: um problema constante no trabalho de Gabriel) sem um ouvido atento às vozes daqueles que foram tirados do caminho. Que nos vêm do passado como vozes espectrais que ainda temos o compromisso de escutar, ou que nos vêm das áreas mais inóspitas de nosso próprio presente, exigindo um lugar em uma sociedade que só podemos considerar verdadeiramente republicana e democrática, civilizada, se ela não fizer ouvidos de mercador a essa demanda. Se quiséssemos continuar jogando com os dois eixos do tempo e do espaço, talvez pudéssemos contrastar a figura dos espectros de que Derrida fala com a da "parte daqueles sem parte" que, no trabalho de Jacques Rancière, nos permite pensar na política sob a forma de uma exigência de igualdade.

Eu já mencionei a importância da ideia de humanidade no livro de Gabriel Cohn. É usado nele, em várias ocasiões, em dois sentidos complementares, mas diferentes. Por um lado, como um atributo compartilhado por todos os homens e mulheres de uma sociedade, como quando Cohn indica que ele pensa na noção de cultura, em seu sentido mais pleno (lembro-me dos desenvolvimentos eruditos e sutis que Alfredo Bosi dedicou a este problema), como o cultivo da humanidade. Por outro lado, como o nome possível para uma organização da sociedade global. No primeiro destes dois sentidos, a questão da humanidade, ou do humano, que é a questão, se me é permitido colocá-la muito rapidamente, que caracteriza os pensamentos que qualificamos como "humanistas", coloca este livro de Gabriel muito próximo da última obra do citado Horacio González, intitulada, precisamente, *Humanismo, Contestación e Resistencia*, e que não estaríamos equivocados se mantivéssemos que ele trata de verdade os mesmos temas. De fato, impulsionado por uma caracterização do humanismo como um interrogatório do que ele chama de "o humano sem mais delongas", González faz uma crítica neste impressionante livro (que, como diz Cohn da *Criatividade e Dependência* de Celso Furtado, é "uma espécie de soma de seu pensamento") as diferentes formas de "minar o humano" produzidas, em sua organização desigual e injusta, pelas sociedades em que vivemos nossas vidas, desde aquelas derivadas das determinações tecnológicas da existência coletiva estudadas na primeira metade do século XX pelos homens da Escola de Frankfurt até os mecanismos de dominação de algumas dessas sociedades sobre outras que ocuparam o pensamento anticolonial de Fanon ou Sartre nas décadas de 1950 e 1960. González propõe estudar todas estas formas de minar o humano, mas não em nome de um humanismo abstrato que imaginou que poderia ser colocado acima das condições materiais efetivas nas quais se desenvolvem as vidas de homens e mulheres e dos povos do planeta, mas, ao contrário, em nome de um verdadeiro humanismo que nos permitiria pensar sobre estas vidas em sua organização concreta nas nações e estados em que estão implantados. A humanidade, diz González, vem do húmus, e é em relação a esse solo nutritivo de nossas vidas coletivas, nas nações que formamos e sob o poder dos estados através dos quais nos governamos, que a humanidade que somos pode e deve ser pensada. Assim, o humanismo de González é também, ou pretende ser, um estudo da questão da nação e das formas reais (que, como os textos deste livro ensinam, devem ser democráticas, republicanas e justas) em que nossas vidas se desenrolam em nossas sociedades nacionais.

Por outro lado, eu estava dizendo, a palavra "humanidade" é usada neste livro por Cohn no sentido de que é fácil de ver que adquiriu, nas circunstâncias dramáticas pelas quais temos passado em todo o mundo nestes últimos anos – e que nada sugere que fará nada além de piorar nos próximos anos – não apenas um valor muito especial, mas acima de tudo – e isto é o que eu gostaria de enfatizar – uma entonação decidida e centralmente política. Isto é o que Hannah Arendt disse no capítulo que dedica a seu mestre Karl Jaspers naquele precioso livro, *Homens em Tempos Sombrios*: em tempos de catástrofe planetária, a palavra "humanidade" deixa os domínios da filosofia, literatura e utopia para vir a designar um desafio fundamental para a política. Arendt está falando sobre *A Bomba Atômica* e o *Futuro da Humanidade*, um livro muito impressionante no qual Jaspers desenvolve uma ideia que é mais uma vez de enorme importância hoje: depois de Hiroshima, escreve Jaspers, todos os cidadãos do planeta aprenderam que a raça humana já tem meios técnicos suficientes para terminar sua própria vida (e incidentalmente a própria vida) na Terra. E isso nos obriga a nos perguntar como transformar essa humanidade "objetiva" (em si mesma, se me permitem usar uma expressão que certamente não é a de Jaspers) em uma humanidade "subjetiva" (ou "para-si mesma"), capaz de tomar em suas próprias mãos seu destino comum. O mesmo, estou sugerindo, é verdade hoje, quando devemos nos perguntar como passamos da ideia de uma humanidade "objetiva", objeto - de fato - de pragas e planos e cálculos de vacinação dos poderosos e de políticas sociais e sanitárias e de todo tipo de políticas para a ideia de uma humanidade no sentido "subjetivo", de uma humanidade sujeita de suas próprias decisões e de seu próprio futuro. É óbvio que tal passagem é necessária; as dificuldades de tal empreendimento também são óbvias. Só pode tomar a forma de uma grande conversa coletiva, que deve ocorrer em muitas línguas e entre muitas culturas e tradições diferentes, por meio (mais uma vez, a observação que fizemos com González: a humanidade só pode ser realizada através das sociedades nacionais nas quais se materializa, nas quais se encarna) da mobilização democrática dos cidadãos e da ação igualmente democrática dos governos de todas as nações do planeta.

Jürgen Habermas (que sem dúvida aprendeu com Jaspers - a quem, aliás, também dedicou um esboço biográfico muito bem sucedido): Ele aponta em mais de um lugar que uma sociedade democrática é aquela que estimula o diálogo em todas as direções entre os habitantes dos três cantos do triângulo formado pelos que governam (os que detêm o poder político institucional), "os que sabem" (os membros dos sistemas científico, tecnológico e universitário dos países) e uma opinião pública informada, ativa e crítica. O que é colocado como uma questão e um desafio pelas circunstâncias que estamos vivendo no mundo de hoje - que colocam todos os habitantes da Terra em risco mais ou menos óbvio e nos obriga a experimentar o exercício de que falávamos há pouco: o de avançar para a formação de um *sujeito* político coletivo em escala planetária que possa tomar em suas próprias mãos seu destino comum - é se podemos pensar neste esquema proposto por Habermas, se podemos pensar neste diálogo entre os donos do poder, do conhecimento e da soberania em uma escala que também é, necessariamente, muito mais do que nacional: global. Naturalmente, tal coisa exige dos governos de todos os países do mundo um compromisso republicano e democrático muito maior do que muitos deles podem mostrar hoje, dos cidadãos de todos os países do mundo um tipo de existência coletiva (e neste ponto, como no anterior, há muito a aprender com este livro) muito mais respeitoso, preocupado e solidário do que aquele que temos hoje, preocupados e solidários do que muitos deles têm hoje, e de todas as universidades do planeta uma espécie de disposição para o diálogo do conhecimento e das tradições culturais que honra o compromisso com o universal, o ecumênico e o global que de alguma forma está inscrito na própria palavra que os nomeia. Não foi a este conjunto de exigências (políticas, organizacionais, conceituais) que Milton Santos se referiu, em um livro que é chamado aqui por Cohn no desenvolvimento de seu argumento, com a ideia de uma "outra globalização"?

Mas gostaria de insistir que da mesma forma e pela mesma razão que a humanidade não pode e não deve ser pensada além das formas concretas de organização da vida coletiva dos povos nas diferentes nações em que esta humanidade se materializa, que esta humanidade é, nem podemos pensar em qualquer globalização diferente daquela que hoje marca este tempo cheio de ameaças e perigos se não for através de uma transformação, No sentido democrático e republicano, ou seja, *civilizador*, das formas de convivência e governo, dos modos de vida civil – que devem ser mais respeitosas, mais atenciosas, menos indiferentes, mais responsáveis pelos outros e pelo que é comum, pelo público e comum que construímos laboriosamente com os outros e em diálogo e disputa com os outros – no coração dessas diferentes nações em que nossas vidas se desenrolam. Os da América Latina foram pensados, nas últimas seis ou sete décadas, com os instrumentos conceituais fornecidos sucessivamente pelas teorias do desenvolvimento, dependência e democracia. Este livro de Gabriel Cohn retorna com ampla erudição e sensibilidade a todos eles, para nos oferecer uma visão mais integrada de todos os problemas que eles nos permitiram conceituar, uma visão que nos permite pensar nas sociedades que ainda temos que construir em termos de desenvolvimento entendido no sentido mais amplo possível, não apenas como a capacidade material das sociedades de integrar em seu meio todos os grupos e setores que hoje são insensatamente excluídos, mas também, e ao mesmo tempo, como a implantação e expansão de um espaço público democrático de convivência e conversa com os outros, para o exercício de uma ampla gama de virtudes cívicas e a expansão de nossa autonomia.

FONTES DOS TEXTOS

CIVILIZAÇÃO, CIDADANIA E BARBÁRIE. Publicação original em Atilio A.Boron (compilador). *Filosofía Política Contemporânea. Congtroversias sobre civilización, império y ciudadanía*. Buenos Aires. Consejo Latinoamericano de Ciencias Sociales - CLACSO, 2002. Os adendos foram publicados em *Folha de S. Paulo*, 31/7/1993 (Impunidade) e 29/01/1993 (Pena de morte).

A SOCIOLOGIA E O NOVO PADRÃO CIVILIZATÓRIO. Em César Barreira (org.). *A Sociologia no tempo. Memória, imaginação e utopia*. São Paulo. Cortez Editora, 2003.

DESENVOLVIMENTO COMO PROCESSO CIVILIZADOR. Em Gabriel Cohn. *Weber, Frankfurt - teoria e pensamento social 1*. Rio de Janeiro. Editora Azougue, 2016.

A DIFÍCIL REPÚBLICA. Publicado online em *A terra é redonda*, 05/11/2020 e em *Newsletter IHU*, 06/11/2020.

O FASCISMO LATENTE. Publicado em *Lua Nova - Revista de Cultura e Política*, número 116, 2022. Versão online em *A terra é redonda*, 22/09/2022.

FLORESTAN E A DIFÍCIL DEMOCRACIA. Inédito, com base em textos anteriores.

FAORO E A CRÔNICA DA TRAGÉDIA LIBERAL. Versão substancialmente ampliada de prefácio à edição comemorativa dos

50 anos de *Os donos do poder*. (4.a edição). São Paulo. Editora Globo, 2008.

PULSOS E VIBRAÇÕES: A ORDEM DO TEMPO. Publicação original em Maria Angela D'Incao (org.) *Domínio das tecnologias - ensaios em homenagem a Hermínio Martins*. Presidente Wenceslau. Editora Letras à Margem, 2015.

MARX: O TEMPO E O MODO. Publicação original na *Revista de Sociologia e Antropologia*, vol. 6, número 1, 2016, com o título "Tempo e modo: aspectos da dialética marxista". Versão ampliada em *Weber, Frankfurt 1*. Rio de Janeiro. Editora Azougue, 2016, com o título "Tempo e modo: matrizes da dialética marxista".

www.ingramcontent.com/pod-product-compliance
Lightning Source LLC
LaVergne TN
LVHW051935220826
846093LV00013B/518

* 9 7 8 8 5 6 5 3 3 2 6 5 1 *